Roman Herzog

Wie der Ruck gelingt

Roman Herzog

Wie der Ruck gelingt

DEUTSCHE VERLAGS-ANSTALT
MÜNCHEN

Bibliografische Information Der Deutschen Bibliothek
Die Deutsche Bibliothek verzeichnet diese Publikation
in der Deutschen Nationalbibliografie; detaillierte
bibliografische Daten sind im Internet über
<http://dnb.ddb.de> abrufbar.

Satz und Layout: Boer Verlagsservice, München
Gesetzt aus der Garamond Premier Pro
Druck und Bindung: GGP Media GmbH, Pößneck
Printed in Germany
ISBN 3-421-05927-6

Inhalt

Vorwort

Das vorliegende Buch befaßt sich mit dringend notwendigen Reformen. Es versucht aber nicht, alle in Deutschland anstehenden Reformen nacheinander aufzuzählen, sondern es beschränkt sich auf die Frage, wie Deutschland wieder reformfähig werden kann – und was einer solchen Entwicklung im Wege steht.

Daß unser Land Reformen bitter nötig hat, ist mittlerweile allgemeine Überzeugung. Welche Reformen das sein sollen und vor allem wer ihre Folgen tragen soll, wird im Augenblick zwischen den politischen Lagern ausgefochten. Die zentrale Frage jedoch, was an Staat, Gesellschaft und Wirtschaft geändert werden muß, damit Reformen überhaupt wieder zustande kommen können, wird viel zuwenig diskutiert – am meisten noch im Zusammenhang mit dem deutschen Föderalismus. Dabei ist es die entscheidende Vorbedingung dafür, daß Deutschland wirklich wieder so stark wird, wie es sein könnte. Der Konvent für Deutschland, dessen Vorsitzender ich bin, arbeitet kontinuierlich an allen diesen Fragen.

Der Leser wird rasch begreifen, daß es den großen Wurf, den unser Volk so gern hat, in dieser Frage nicht gibt. Notwendig sind Dutzende, vielleicht sogar Hunderte kleiner Schritte, die sich im Laufe der Zeit und bei entsprechender Zielstrebigkeit aber summieren und auszahlen werden. Eine Reformpolitik, die diesen Namen wirklich verdient, wird sich deshalb zunächst auch nur in kleinen Schritten bewegen können. Die Schritte werden aber von Jahr zu Jahr größer werden, und dasselbe wird von den Gestaltungsräumen gelten, die unser politisches System dadurch gewinnt, gerade auch im finanziellen Bereich.

Alles in allem: Der Ruck, den ich vor Jahren gefordert habe, ist möglich. Man muß ihn nur wollen. Und vor allem: Man muß hart daran arbeiten und etwas Geduld haben!

Zehn Fragen, um die es in diesem Buch geht

1. FRAGE: Oft hat man den Eindruck, daß Deutschland in Lethargie zu versinken droht. Was ist dagegen zu tun?
   ANTWORT: Alle müssen dagegen angehen, und zwar öffentlich: Politiker, Journalisten, Lehrer und Wirtschaftsbosse. Weg mit dem Kästchendenken und den geistigen Schubladen! Weg mit den heiligen Kühen, die jeder für sich züchtet! Man muß bestimmt nicht alles hinterfragen und aufgeben, was hergebracht ist. In einer freien Gesellschaft muß man aber auch einmal den Mut haben, das angeblich Undenkbare zu denken!
2. FRAGE: Die Welt verändert sich ständig, wirft neue Probleme auf, schafft neue Gefahren, bietet aber auch große neue Chancen. Wie sorgt man am besten dafür, daß darauf rasch genug reagiert werden kann?
   ANTWORT: Durch Dezentralisierung in Staat, Gesellschaft und Wirtschaft. Je mehr Menschen und Institutionen sich frei mit diesen Veränderungen, mit ihren Problemen und Chancen befassen können, desto wahrscheinlicher wird es, daß Deutschland darauf richtig und vor allem auch rechtzeitig Antworten findet.
3. FRAGE: Dezentralisierung auch in der Wirtschaft? Wie hat man sich das vorzustellen?
   ANTWORT: Erstens Vorsorge treffen, daß die unvermeidlichen Konzentrationsbewegungen nicht allzu stark werden, zweitens: vor allem die entschlossene Förderung mittelständischer Unternehmen betreiben, damit die großen Konzerne immer wieder durch neue, flexible Konkurrenten herausgefordert werden.
4. FRAGE: Die Staatsquote in Deutschland ist zu hoch. Was muß geschehen, um sie Schritt für Schritt auf etwa 40 Prozent abzusenken?
   ANTWORT: Nötig ist vor allem ein Kassensturz, der diesen Namen wirklich verdient. Die Staatsausgaben müssen massiv

verringert werden, und zwar nicht immer nur durch »soziale Einschnitte«, sondern vor allem auch durch Abkehr von der noch immer grassierenden staatlichen Geldverschwendung.

5. FRAGE: Welche Mittel gibt es gegen diese Geldverschwendung?
ANTWORT: Wenn die Verschwendung von Parlament und Regierung ausgeht, muß die Öffentlichkeit Druck ausüben. Vorher müßten aber unabhängige Kommissionen die Haushalte Titel für Titel durchgehen und an übertriebenen Ausgaben schonungslos Kritik üben. Auf die Verschwendung durch untergeordnete Instanzen gäbe es eine ganz simple Reaktion: Was sie unnütz ausgeben, sollte man ihnen in den folgenden Jahren vom Etat abziehen. Sie brauchen das Geld ja ganz offensichtlich nicht.

6. FRAGE: Unsere Parlamentsdebatten werden immer steriler. Wie kann man das Parlament wieder zur politischen Führungsinstanz machen, als die es vom Grundgesetz ja schließlich gedacht ist?
ANTWORT: Man muß das Parlament von der Gesetzgebungsarbeit in weniger wichtigen Fragen entlasten. Schon viele dieser Fragen sind zur EU abgewandert. Eine Föderalismusreform könnte das Parlament weiter entlasten. Neu wäre es aber, wenn weniger wichtige Fragen künftig durch Verordnungen geregelt werden dürften. Der Bundestag bekäme so den Kopf frei für die großen Fragen der Zeit und der Zukunft.

7. FRAGE: Kritiker unseres Staates beanstanden zu Recht, daß es keine klaren Zuständigkeiten und damit auch keine klaren Verantwortlichkeiten mehr gibt. Was ist dagegen zu tun?
ANTWORT: Hier gibt es zwei Möglichkeiten, die nebeneinander genutzt werden sollten:
(1) Trennung der Zuständigkeiten: Wer zuständig ist, sollte über alle Fragen des betreffenden Gebietes entscheiden (Gesetzgebung, Vollzug, Finanzierung);
(2) deutliche Verringerung von Anhörungs-, Mitzeichnungs- und Mitentscheidungsrechten anderer Stellen – von der Kommunalaufsicht bis zum Bundesrat.

8. Frage: Unser Staat ist überfordert. Er läßt sich auf zu viele Fragen von Wirtschaft und Gesellschaft ein, ja er läßt sich dazu förmlich mißbrauchen. Wie kann man seine Aktivitäten auf ein vernünftiges Maß zurückschneiden?
Antwort: Klare, leicht handhabbare Regeln gibt es dafür nicht. Wenn der Kassensturz, von dem oben die Rede war, eines Tages abgeschlossen ist, wissen wir aber konkret, wofür der Staat künftig noch dasein soll und wofür nicht. Dann könnten auch überflüssig gewordene Behörden und Beamtenstellen eingespart und damit noch zusätzliche Einsparungen erreicht werden.
9. Frage: Wenn Deutschland im weltweiten Konkurrenzkampf erfolgreich bleiben will, muß es seine jungen Leute so gut wie nur irgend möglich ausbilden. Notwendig ist also eine durchgreifende Bildungsreform. Nach welchen Grundsätzen muß diese konzipiert werden?
Antwort: Da müssen mehrere Grundsätze eisern beachtet werden:
(1) Die bisherigen Bildungsreformen haben sich auf organisatorische Details beschränkt (Bundes- oder Länderzuständigkeit?, Lehrerzahl, Lehrerbesoldung, Gesamtschule oder gegliedertes Schulwesen?). Jetzt muß es endlich auf die Bildungsinhalte ankommen.
(2) Es kommt nicht darauf an, was an unseren Schulen und Hochschulen gelehrt wird (Lehr- und Studienpläne), sondern darauf, was die Schüler und Studenten davon auf Dauer behalten. Das verlangt auch Zeit zum Üben, Wiederholen und gegebenenfalls zum Nachlernen.
(3) Die Frage ist daher nicht, was noch zusätzlich in die Lehr- und Studienpläne aufgenommen werden sollte, sondern was herausgenommen und auf den Weg des »lebenslangen Lernens« verwiesen werden kann.
(4) Die einander zuwiderlaufenden Forderungen nach mehr Einheitlichkeit und mehr Konkurrenz im Schulwesen könnten dadurch in Einklang gebracht werden, daß man bundeseinheit-

liche Prüfungen in einigen Kernfächern einführt, in den anderen Fächern die wesentlichen Inhalte aber durch die Schulen selbst (Eltern und Lehrer) festlegen läßt.

10. FRAGE: Die augenblickliche Finanzlage läßt fast keinen Spielraum für teure Reformen zu. Wie soll man unter diesen Umständen eine Reformpolitik treiben?

ANTWORT: Abgesehen davon, daß sich die Spielräume durch eiserne Sparsamkeit und pflegliche Behandlung der Wirtschaft zumindest allmählich erweitern lassen, kann man ja mit Reformen beginnen, die wenig kosten und viel bringen, z. B. mit der soeben skizzierten Bildungsreform, mit einer kostenneutralen Reform des Steuerrechts, mit der Entlastung der Wirtschaft von kostenfressenden Angaben für Statistiken u. v. a. Das würde zumindest Luft schaffen und Mut machen. Und die Reformen, die hier darüber hinaus vorgeschlagen werden, lassen sich ohnehin nicht alle zur gleichen Zeit durchführen – sie werden Jahre in Anspruch nehmen!

I.

Dynamisierte Welt

In den sechstausend Jahren Geschichte, die die Menschheit halbwegs überblickt, hat sie mehr politische und soziale Systeme gesehen, als sie es selbst für möglich gehalten hätte. Natürlich waren diese Systeme sehr verschieden. Aber alle waren sie einander doch ähnlicher als dem System, in dem wir Heutigen leben.

Dafür gibt es einen einfachen Grund. Unsere modernen politischen und gesellschaftlichen Systeme, zumindest die der westlichen Nationen, beruhen unmittelbarer als alle anderen auf den Erkenntnissen der Naturwissenschaften.

Gewiß hatten auch ältere Kulturen ihr Wissen über die Natur und ihre Gesetzlichkeiten. Richtig beherrscht waren sie davon aber nicht. Das kann man erst für die modernen westlichen Gesellschaften, also für die Gesellschaften Europas und Amerikas behaupten, und auch für diese erst seit dem 18., ja überwiegend erst seit dem 19. Jahrhundert.

Genaugenommen sind es noch nicht einmal die Naturwissenschaften selbst (also insbesondere Physik, Chemie und Biologie), die dieses Spezifikum des Westens ausmachen, sondern es sind die Techniken, die dieser Kulturkreis aus den Naturwissenschaften abgeleitet hat und die dann zu seinem unverwechselbaren Charaktermerkmal geworden sind. Der Unterschied zwischen beiden Erscheinungen ist leicht zu erklären. Naturwissenschaften formulieren ihre Lehrsätze nach dem Schema: Wenn A gegeben ist, tritt B ein. Ganz anders die Techniken. Sie leiten aus solchen Erfahrungssätzen Handlungsanweisungen ab: Wenn ich B will, muß ich A herbeiführen. Auf solchen Handlungsanweisungen beruht die ganze moderne, technisierte Welt.

Für sich gesehen wäre das nichts Besonderes. Aber solche Anweisungen und die von ihnen angestrebten Kausalitäten können sich zu langen Ketten aneinanderreihen, noch dazu in ganz verschiedenen Bereichen der modernen Wissenschaft, und diese verschiedenen Kausalitätsketten können sich wiederum vielfach ineinander verschlingen, also höchst komplizierte Kausalitätsstränge bilden.

Die Folge ist, daß sich während der letzten beiden Jahrhunderte in den westlichen Gesellschaften tiefstgreifende Veränderungen eingestellt haben (und immer noch einstellen), daß sie für die beteiligten Menschen aber kaum einmal in ihrer vollen Tragweite vorherzusehen waren und daß sie das auch in absehbarer Zukunft kaum einmal sein werden. Folgerichtig werden sie auch kaum einmal vorausschauender politischer Beurteilung zugänglich sein.

Daraus ist das bedrängende Unsicherheitsgefühl entstanden, dem der heutige Mensch ausgesetzt ist: Er hat das Gefühl, in einem breiten und reißenden Strom mitzuschwimmen, aber er kennt das Ziel des Stromes nicht, und auch mit größter eigener Anstrengung vermag er sich in ihm höchstens ein bißchen besser zu positionieren, schafft es aber nicht, sich ihm zu entziehen oder ihn gar umzulenken.

Und das alles in dem Wissen, daß die Entwicklungen der letzten zwei Jahrhunderte weder von einem Gott noch von einem unentrinnbaren Schicksal vorgegeben, sondern von Menschen gemacht sind. In früheren Zeiten starben die Menschen ihrem Empfinden nach an Pestilenzen, die gleichsam von Gott über sie verhängt waren, heute sterben sie an Epidemien oder Seuchen, für die auch Menschen verantwortlich sein können. Und früher litten sie unter Teuerungen, die, woher auch immer, eben über sie kamen, während man heute mit Inflationen rechnet, die jedenfalls von Menschen verschuldet sind. Das Gefühl der Unsicherheit und des Ausgeliefertseins, von dem hier die Rede ist, wird dadurch nur noch größer.

Alle diese Entwicklungen können hier schon aus Platzgründen nicht vollständig dargestellt werden, noch weniger ihre gegenseitigen Verflechtungen und Beeinflussungen. Zwei besonders handgreifliche Beispiele sollen aber doch die Art der Zusammenhänge und vor allem die der Konsequenzen erkennbar machen.

1. Die wichtigste dieser Entwicklungen setzt am Leben, an der Gesundheit und damit schließlich an der Lebenserwartung des modernen Menschen an. Die Einflüsse kamen hier aus den verschiedensten Wissenschaftsbereichen:

- aus der Wirtschaft, die immer bessere Lebensbedingungen schuf,
- aus der Chemie, die immer reichere Ernten möglich machte,
- aus der Medizin, die immer mehr und immer gefährlichere Krankheiten besiegte,
- nicht zuletzt aus der Hygiene, die immer mehr Krankheitserreger schachmatt setzte.

Wir sagen es heute so leicht dahin, daß die durchschnittliche Lebenserwartung des Menschen zwischen 70 und 80 Jahren liegt, während sie vor zwei Jahrhunderten, also vor sieben oder acht Menschenaltern, noch zwischen 30 und 40 Jahren gelegen hat. Die ungeheure Masse an menschlicher Freiheit und Sicherheit, die auf diese Weise dazugewonnen wurde, erkennen wir aber gar nicht mehr: Freiheit des Denkens und Handelns, Freiheit zur autonomen Lebensgestaltung und vor allem zur langfristigen Lebensplanung, schließlich Freiheit von Todesangst und früher Resignation. Denn natürlich hat sich mit der Lebenserwartung auch das menschliche Bewußtsein geändert, und das Glück, das diese Entwicklung einmal vermittelt haben mag, hat sich in eine allgemeine Erwartungshaltung, ja in einen als naturgegeben empfundenen Anspruch an das Schicksal verwandelt.

Der starke Anstieg der Lebenserwartung hatte gute und schlechte Seiten, und unversehens kann das eine sogar in das andere umschlagen. Dazu wieder nur ein Beispiel: Daß Menschen heute meist 70 Jahre und älter werden, könnte an sich zur Folge haben, daß die Drei-Generationen-Familie, die vielen als Idealzustand erscheint, die aber bisher bestenfalls eine Ausnahmeerscheinung war, künftig zum Regelfall werden könnte. Praktisch ist aber genau das Gegenteil eingetreten: Die Jungen kümmern sich nur wenig um Eltern und Großeltern, weil sie für sie weder Zeit noch Wohnraum haben, die Alten aber fühlen sich, selbst wenn auch sie ihre Unabhängigkeit nicht aufgeben wollen, vernachlässigt, abgeschoben und einsam. Und zu der so entstehenden Altersvereinsamung kommt dann oft noch das Alterselend hinzu, das sich in Krankheit und Gebrechlichkeit äußert.

Dabei ist hier die gesamtgesellschaftliche Auswirkung des Vorgangs noch gar nicht berücksichtigt: die sogenannte Bevölkerungsexplosion. Ihre Konsequenzen sind schlechthin universal, vom Bedarf an Bodenfläche und Wohnraum über den Bedarf an Arbeits- und Verdienstmöglichkeiten, an Bildungschancen und Gesundheitsvorsorge – bis hin zum Bedarf an Friedhofsfläche. Die Welt des Menschen – und nicht nur des westlichen! – hat sich unter dem Einfluß der Bevölkerungsexplosion wahrscheinlich mehr verändert als zu irgendeinem anderen Zeitpunkt.

Geändert hat sich vor allem auch das politische Leben der Gesellschaften, die von dieser Explosion erfaßt wurden. Gerade in sozialen Schichten, die sich als die gehobenen bezeichnen, gibt es immer wieder bewegende Klagen über die »Vermassung« des gesellschaftlichen Lebens, über die Umformung des modernen Staates zu einem Verbände- und Parteienstaat und über die Aushöhlung des gewaltenteilenden Regierungssystems durch beide Erscheinungen zusammen. Man braucht diese Kritik gar nicht in allen Einzelheiten zu teilen, um zuzugeben, daß sie einen zutreffenden Kern birgt. Nur in der Hoffnung, das lasse sich in absehbarer Zukunft noch einmal zurückdrehen, irren sich die Kritiker fundamental.

Man mag sich über Parteien, Verbände und andere Massenerscheinungen gelegentlich ärgern, ja sogar empören. Sie sind aber nur zwangsläufige Folgen aus dem verständlichen Wunsch der Menschen, gleichzeitig die Segnungen von Hygiene und Medizin und die Segnungen einer demokratischen Staatsverfassung zu genießen. Eine Rückkehr zu einer Demokratie, die den Vorstellungen des frühen 19. Jahrhunderts entspräche, würde auch die Rückkehr zu den damaligen Bevölkerungszahlen bedingen, drastisch gesprochen, die Wiedereinführung von Tuberkulose, Cholera und Kindbettfieber in einem – und das kann sich niemand im Ernst wünschen.

2. Eine andere technische Entwicklung, die ungeheure Auswirkungen auf die westlichen Gesellschaften hatte, betraf die Arbeitskraft des Menschen und die ihm zur Verfügung stehende Energie.

Durch die moderne Technik ist zunächst einmal die menschliche Arbeitskraft effizienter geworden. Das nahm von der technischen Verwertung der mechanischen Gesetze seinen Ausgang, also von Erscheinungen wie Rad, Hebel, Flaschenzug und dergleichen. Aber die Arbeitskraft des Menschen wurde dadurch wie gesagt nur vervielfacht. Erst später, als Dampfkraft und Elektrizität dazukamen, veränderte sich die Situation grundlegend. Heute ist das große Thema nicht mehr die Vermehrung, sondern die Ersetzung bzw. Verdrängung menschlicher Arbeitskraft durch natürliche, d. h. in der Natur vorhandene, aber erst auf technischem Wege freigesetzte Formen von Energie, von den fossilen Energien bis zur Kernenergie und – eines Tages vielleicht – zur Fusionsenergie.

Es ist schwer, sich klarzumachen, was gerade diese Entwicklung der Menschheit an Veränderungen eingebracht hat. Zunächst hat sie ganz einfach zu einer unglaublichen Humanisierung der Arbeitswelt geführt. Das wird heute gar nicht mehr richtig empfunden, weil natürlich auch hier die Gewöhnungseffekte zu groß sind, und selbstverständlich könnte den Umfang der Humanisierung auch nur jemand ermessen, der imstande wäre, sich den Arbeitstag eines Kleinbauern, eines Bauernknechts, eines Bergmanns oder auch Steinbrucharbeiters vor 150 oder 200 Jahren wirklich vorzustellen.

Aber die Wirkungen reichen viel weiter. Durch die Steigerung der menschlichen Arbeitskraft wurde u. a. die Massenproduktion von Gebrauchs- und zunehmend auch von Luxusgütern möglich. Damit ging wachsender Wohlstand einher und zugleich ein immer bequemeres, ja »kultivierteres« Leben von Millionen. Möglich wurde die Erschließung immer neuer Absatzmärkte auf der ganzen Welt und ebenso der Kampf um solche Märkte, möglich wurden Überangebote auf ihnen und die damit verbundene Arbeitslosigkeit, ein ständig steigender Verbrauch von Rohstoffen und Energie, die Ausbeutung von Kolonien, groteske Schäden für die Umwelt, die ungleiche Verteilung von Reichtum und Armut auf dem Erdball und vieles andere mehr.

Vermehrt wurde das Ganze noch durch die Errungenschaften der Chemie, die ständig neue Produktionsverfahren und Werkstoffe erfand und zugleich gewaltige Möglichkeiten für die Welternährung und für die Medizin eröffnete, aus der aber ebenso gewaltige Belastungen für die Umwelt und damit für die menschliche Gesundheit entsprangen. Die atemberaubenden Möglichkeiten des Verkehrs zu Wasser, zu Lande und in der Luft brachten weitere Chancen mit sich, etwa eine internationale Arbeitsteilung großen Stils und die Hoffnung auf die friedenserhaltende Kraft der daraus erwachsenden gegenseitigen Abhängigkeiten. Und die »Fortschritte« der Kriegswaffentechnik einerseits haben dem entgegengewirkt, die sprunghaft voranschreitenden Informationstechniken andererseits haben beides, das Positive sowohl wie das Negative, noch weiter verstärkt.

Man kann das alles auch ganz einfach ausdrücken: Die Welt ist während der letzten beiden Jahrhunderte in Bewegung geraten wie niemals vorher, sie ist dynamisch geworden. Doch auch diese Beschreibung ist noch ungenau, weil die Dynamik, um die es hier geht, ja von Menschen gemacht ist. Richtiger ist es deshalb, die modernen, zumindest die westlichen Gesellschaften als dynamisierte Gesellschaften zu bezeichnen. Das fundamentale Problem aber bleibt: Die Entwicklungen, die zu diesem Zustand geführt haben und immer noch führen, sind weder geplant noch koordiniert. Mehr und mehr werden sie daher als Schicksal empfunden, und niemand weiß, wie sich damit fertig werden läßt.

Dazu kommt noch ein weiteres Dilemma, das den Verantwortlichen in Politik, Gesellschaft und Wirtschaft erst ganz allmählich bewußt zu werden beginnt. Das Tempo, mit dem sich die Veränderungen, seien sie Chancen oder Risiken, herauskristallisieren, wächst von Jahr zu Jahr, und diese Beschleunigung – Akzeleration – scheint von allen politischen und gesellschaftlichen Bereichen Besitz ergriffen zu haben.

Auch das ist genaugenommen kein Wunder. Neue Erkenntnisse und Erfindungen beruhen nur in besonderen Ausnahmefällen auf völlig neuen Ideen. Im Normalfall entstehen sie daraus, daß längst bekannte Informationen, wenn auch vielleicht unter Hinzufügung des einen oder anderen neuen Gedankens, lediglich zu neuen Gedankenmustern zusammengefügt werden. Folglich kommt alles darauf an, daß das bereits vorhandene Wissen der Menschheit an möglichst vielen Orten gesammelt wird und möglichst vielen Menschen in möglichst kurzer Zeit verfügbar ist.

In frühen Geschichtsepochen geschah das – beispielsweise – in den Tempeln und Palästen Alt-Ägyptens und Mesopotamiens, später in den Klöstern und Universitäten des europäischen Mittelalters. Die erste wirkliche Befreiung von räumlichen Bindungen ergab sich mit der Erfindung des Buchdrucks und wurde durch die elektronischen Medien des 19. und 20. Jahrhunderts selbstverständlich noch multipliziert. Mit den modernen Informationstechniken aber sind insoweit fast alle Barrieren gefallen.

Heute kann sich jeder Interessierte binnen weniger Sekunden von jedem beliebigen Ort der Erdoberfläche aus nahezu jede denkbare Information beschaffen, daraus neue, unter Umständen weittragende Ideen, Entdeckungen und Erfindungen ableiten und diese ebenso rasch auf der ganzen Welt verbreiten.

Die Folgen liegen auf der Hand. Die Welt von heute verändert sich nicht nur fundamentaler, sondern auch schneller als jemals zuvor. Das Wissen der Menschheit als solches, ebenso aber auch ihre Probleme und Problemlösungen entstehen schneller, aber sie veralten auch schneller als je zuvor. Die Welt hat sich in den vergangenen 200 Jahren nicht nur dynamisiert, sondern dieser Dynamisierungsprozeß hat sich auch von Jahrzehnt zu Jahrzehnt beschleunigt.

Beides erschwert eine wirklich rationale Politik enorm. Sagen wir es mit einem ganz banalen Vergleich: Der Welt wird immer schwindliger, und die Menschen verlangen von ihren Eliten ganz folgerichtig immer klarere Auskunft darüber, wohin die Reise denn eigentlich gehen soll. Wenn man das Bild von der Reise aber erst einmal zugrunde legt, wird das Dilemma noch deutlicher. Früher konnte man sich vielleicht noch einreden, daß die Reise anhand vollständiger Straßenkarten zu einem klar auszumachenden Ziel hinführe. In den letzten Jahrzehnten mag sich dann der Eindruck eingestellt haben, daß die Straßenkarte zwar beträchtliche Lücken und Fehler aufweise, das Ziel aber immerhin noch klar zu erkennen sei. Heute, so will es scheinen, ist auch das Ziel noch im Nebel verborgen – man weiß zwar ungefähr, wie es aussehen sollte, aber keiner kann sagen, wo genau es liegt und wie genau es aussieht.

Eine mißlichere Situation läßt sich kaum denken. Aber es ist genau die Situation, mit der es die westlichen Zivilisationen in der absehbaren Zukunft zu tun haben werden.

II.

Die Globalisierung und ihre Folgen

Im ersten Kapital haben wir ein sehr vereinfachtes Bild von den Problemen der Technisierung und Dynamisierung gezeichnet. Wir haben nämlich so getan, als ob sich die Entwicklungen, die wir dort dargestellt haben, ausschließlich auf Deutschland oder höchstens noch auf die sogenannten westlichen Staaten beschränkten. Das ist aber nicht der Fall. Die modernen Techniken, die unsere Welt so verändert haben, sind von Europa und Nordamerika aus fast in alle Teile der Welt exportiert worden und haben dort oft zu noch dramatischeren Veränderungen geführt als in ihren Herkunftsländern.

Erst nach und nach erkennen wir, daß diese Veränderungen tiefer greifen, als man das noch vor zwei oder drei Jahrzehnten ahnte, und daß sie sich auf mehr Gebiete des menschlichen Lebens erstrekken, als es die üblichen, meist auf das Wirtschaftliche beschränkten Klagen nahelegen. Die Globalisierung, wie man den Vorgang heute allgemein nennt, hat nicht nur schwerwiegende ökonomische Konsequenzen, mit denen wir uns noch generationenlang werden auseinandersetzen müssen, sondern sie greift weit in das politische System der Weltpolitik und nicht weniger in die geistigen Befindlichkeiten der ganzen Menschheit ein. Die Probleme, mit denen sich die künftige deutsche Politik zu befassen und auf die sie möglichst rasch und flexibel zu reagieren hat, vermehren sich dadurch noch einmal erheblich.

Die wirtschaftlichen Folgen für Deutschland

Wer sich in Europa mit solchen Fragen befassen wollte, hatte es bis vor kurzer Zeit verhältnismäßig leicht. Erstens gab es eine europäische Außenpolitik noch nicht einmal in Ansätzen, und zweitens lebten die Europäer in einer einfach strukturierten und daher – scheinbar – leicht zu verstehenden Umwelt. Auf der nördlichen Erdhalbkugel standen sich zwei große, scharf voneinander abgegrenzte Blöcke gegenüber, und diese beiden zusammen waren mit einer »Dritten Welt« konfrontiert, die, wenn auch mit einigen Ausnahmen, in großer Armut lebte und daher als hochgradig »entwicklungsbedürftig« galt. Die Probleme, die damit angesprochen wurden, waren gewaltig und sind es bis zum heutigen Tage geblieben. Im ganzen war der Zustand der Welt aber leicht zu überschauen, weil er den Anschein bot, er sei durch Begriffe wie »Westen«, »Osten« und »Dritte Welt« hinreichend konkret beschrieben.

Seit nunmehr fast zwei Jahrzehnten gilt das allerdings nicht mehr. Die Länder des ehemals sozialistischen Lagers sind frei geworden und ringen um demokratische wie um marktwirtschaftliche Reformen. Die meisten Länder der »Dritten Welt« aber sind auf dem gleichen Wege, zum Teil aus neuen, realistischeren Überlegungen, zum Teil aber auch nur deshalb, weil ihnen mit dem Zusammenbruch des Ostblocks jene Macht abhanden gekommen ist, an die sie sich bisher lieber anlehnten als an den Westen.

Folge dieser Entwicklung ist eine Welt, in der es zwar nach wie vor riesige Probleme, ja Katastrophen gibt, in der aber sowohl das freiheitlich-demokratische als auch das marktwirtschaftliche Denken Riesensprünge nach vorn gemacht haben. Zumindest auf den ersten Blick haben sich die Staaten der Welt stark aneinander angeglichen. Das Stichwort, mit dem das am deutlichsten ausgedrückt wird, heißt »Globalisierung«. Das ist allerdings ein schillernder Begriff, der Verschiedenstes in sich vereint und schon deshalb nicht unumstritten sein kann.

Globalisierung wird in Deutschland meist nur als ökonomischer Begriff verstanden. Das ist er aber nicht. Er bezieht sich auch auf geistige Sachverhalte, die im Leben der Völker oft eine viel stärkere Rolle spielen als die Wirtschaft, beispielsweise auf die Befürchtung asiatischer und afrikanischer Völker, im Prozeß der Globalisierung ihre eigene kulturelle »Identität« zu verlieren, und auf ihre zunehmende Neigung, sich dagegen zur Wehr zu setzen. Dennoch hat der Begriff auch eine wichtige wirtschaftliche Komponente – und auf diese kommt es in unserem Zusammenhang zunächst an.

In dieser Beziehung bedeutet Globalisierung die Weiterentwicklung der Weltwirtschaft nach marktwirtschaftlichen Regeln: freie Entscheidung der einzelnen Nationalökonomien über ihre Produktion und ihren Handel, freie Preisbildung auf den Weltmärkten, freier Austausch und freie Konvertibilität der Währungen, darüber hinaus weltweiter Wettbewerb, weitgehende internationale Arbeitsteilung, weltweite Produktions- und Entwicklungsprozesse und selbstverständlich auch weltweite Kooperationen und Konzentrationen.

All das ist durchaus nicht eindeutig zu beurteilen. Wirtschaftlich birgt die Globalisierung, entgegen einer verbreiteten Annahme, erhebliche Chancen für alle in sich, auch für die schwächeren, weniger entwickelten Ökonomien. Gefahren sind aber ebenfalls nicht auszuschließen, vor allem die Gefahr ungleicher Verteilung der Vorteile im Verhältnis zwischen den Völkern und, damit verbunden, die Gefahr weltweiter Konflikte.

Bei dieser Lage ist es nicht verwunderlich, daß die Globalisierung fast weltweit umstritten ist, auch in durchaus ernst zu nehmenden Kreisen der westlichen Welt. Die Vorstellung, eine Volkswirtschaft wie die deutsche könne sich aus ihr ausklinken, ist freilich unsinnig. Das würde den Verzicht auf alle Exporte bedeuten, von denen Deutschland gut lebt und aus denen es in den letzten Jahren ausschließlich die bescheidenen Zuwachsraten gezogen hat, zu denen es sich überhaupt noch aufraffen konnte. Es wird auch niemand bestreiten, daß es sich bei der Globalisierung um ein hochbrisantes Thema handelt, um das sich die Industrienationen nicht nur aus Gründen der Friedenserhaltung, sondern auch aus ganz allgemeinen ethischen Gründen ernstlich kümmern müssen. Trotzdem hat auch die folgende Art der Betrachtung ihre gute Berechtigung.

Die deutsche Wirtschaft lebt, wie gesagt, immer noch sehr gut von ihrer starken Stellung auf den meisten Weltmärkten und den daraus entspringenden Exportüberschüssen. Aber sie ist einem wachsenden Konkurrenzdruck von seiten anderer Nationen ausgesetzt, weil ihre Angebote zu teuer sind, und das hängt wiederum mit höheren Produktionskosten, vor allem aber mit hohen Arbeitslöhnen und Lohnnebenkosten zusammen.

Soweit sich diese Kosten auf Produktionsanlagen beziehen, ist die Innovationsfähigkeit der Betriebe gefragt; darüber wird gesondert zu sprechen sein. Die unmittelbaren Lohnkosten werden im wesentlichen zwischen den Arbeitgeberverbänden und Gewerkschaften in Form von Tarifverträgen festgelegt, womit in Zeiten tiefgreifender Veränderungen deren Beweglichkeit gefragt ist. Die Lohnnebenkosten dagegen werden weitgehend durch die vom Staat festgelegten Steuer- und Beitragslasten nach oben getrieben, aber wenn man genau hinsieht, hängt auch das mit dem Lebensstandard der Deutschen zusammen. Die Beiträge zur Sozialversicherung finanzieren immer noch eine ungewöhnlich hohe Versorgung bei Krankheiten, Invalidität, Arbeitslosigkeit und Pflegebedürftigkeit, und über die Steuern wird ein hoher öffentlicher Lebensstandard finanziert, der natürlich auch wieder dem Bürger zugute kommt: Bildungswesen, Kliniken, Straßen und sonstige Infrastruktur, kulturelle Einrichtungen usw.

All das – und nicht nur das sogenannte soziale Netz – gehört zum sozialen Charakter dessen, was in Deutschland als soziale Marktwirtschaft entwickelt worden ist und auch heute noch betrieben wird. Es belastet die deutsche Wirtschaft auch weit über das Maß hinaus, das andere Wirtschaften zu tragen haben. Man mag es drehen und wenden, wie man will – die deutsche Volkswirtschaft hat dadurch gerade auch im internationalen Wettbewerb beträchtliche Hypotheken zu tragen, vor allem im Wettbewerb mit Ländern, die sich solche Belastungen nicht oder nur zum Teil zumuten. Welch ungeheure Herausforderung das für Deutschland (aber natürlich auch für andere fortgeschrittene Industrienationen) darstellt, ist in den letzten Jahren schlagartig klargeworden, und es bedarf keiner Begründung, daß diese Herausforderung, auf welche Weise auch immer, bewältigt werden muß.

Im Grunde gibt es dafür zwei Optionen, von denen aber in Wirklichkeit nur die eine gangbar ist.

Die erste wäre zugleich die phantasieloseste. Man könnte daran denken, die Sozialkosten auf das Niveau abzusenken, auf dem sie sich bei den Konkurrenten befinden. Was immer man aber über die deutsche Sozialstaatlichkeit und ihren schon aus demographischen Gründen unumgänglichen Umbau denken mag, entspräche ihr vollständiger oder auch nur weitgehender Abbau weder den Wert- und Gerechtigkeitsvorstellungen unserer Gesellschaft noch wären die Deutschen in ihrer überwältigenden Mehrheit bereit, ihn hinzunehmen. Hier erweist sich mit schlagender Deutlichkeit, daß der deutsche Sozialstaat nicht existiert, weil er im Grundgesetz verankert ist, sondern weil er zutiefst im Bewußtsein des Volkes verwurzelt und überdies durch das allgemeine Wahlrecht sanktioniert ist. (Abgesehen davon ließe sich wohl auch das Sozialsystem unserer asiatischen und afrikanischen Konkurrenten, das weitgehend auf familiärer Solidarität beruht, in Europa nicht wiederherstellen. Dazu fehlt es an allen gesellschaftlichen und ethischen Voraussetzungen.)

Dann gibt es aber nur einen Weg, um die Konkurrenzfähigkeit Deutschlands auf den Märkten der Welt zu sichern. Es wird wie schon bisher darauf ankommen, daß Deutschland sich auf diesen Märkten Konkurrenzvorsprünge verschafft, die es ihm erlauben, seine Marktwirtschaft auch künftig als soziale Marktwirtschaft zu betreiben.

Mit Schutzzöllen und Einfuhrbeschränkungen, den herkömmlichen Mitteln gegen unbequeme Konkurrenz, wird ein Exportland wie Deutschland dabei nicht bestehen können. Es muß am anderen Ende der Skala ansetzen: bei solchen Produkten, die zwar hochentwickelte Industrienationen, nicht aber die unterentwickelten Nationen und die sogenannten Schwellenmächte erzeugen können, die diese aber, wenn sie einmal auf dem Markt sind, dennoch gern abnehmen.

Deshalb ist Deutschland (wie der ganze Westen) heute mehr denn je zu permanenter Innovation und folglich auch zu permanenter Verbesserung seiner Bildungs-, Forschungs- und Entwicklungssysteme verurteilt, also zu Maßnahmen, die es noch vor relativ kurzer Zeit nicht für vorrangig gehalten und demgemäß eher dem sogenannten freien Spiel der Kräfte überlassen hat.

Aber die Dinge sind nun einmal, wie sie sind: Wenn wir weiterhin gemäß unseren Gewohnheiten, Überzeugungen und sozialen Ansprüchen leben wollen, müssen wir unseren bescheideneren Mitkonkurrenten stets um einige Pferdelängen voraus sein. Das bedeutet aber: Wir müssen wieder zu Höchstleistungen fähig und bereit sein, wie das früher selbstverständlich war. Daß uns das gerade im Falle des Erfolgs in der Welt immer noch mehr Bewunderung als Zuneigung einbringen würde, sollte dabei von vornherein ins Kalkül gestellt werden. Das muß auch Folgen für unser Auftreten in der Welt und insbesondere für den Geist haben, aus dem deutsche Außenpolitik gemacht wird.

Wir Deutschen, ja die westlichen Nationen überhaupt, leben heute in einer Welt, die uns mit einem gewaltigen Kontrast konfrontiert. Wir selbst leben trotz aller Unvollkommenheiten auch unseres Systems tatsächlich in einer sozialen Marktwirtschaft und wollen auch, daß das so bleibt. Die Weltwirtschaft aber, in der wir die ökonomischen Voraussetzungen dafür erarbeiten müssen, gleicht eher dem Urbild einer freien, ethisch nicht domestizierten Marktwirtschaft, also dem, was man noch vor kurzer Zeit als Manchester-Liberalismus bezeichnet hat. Das ist wahrscheinlich die größte Herausforderung, die die Globalisierung für unsere Wirtschaft, ja für unsere Gesellschaft insgesamt bereithält. Wenn darauf keine Antwort gefunden wird, ist Polen offen.

Zwei Schlußfolgerungen sind es vor allem, die sich aus diesen Überlegungen ergeben: Erstens: Die Dynamisierung der Welt, von der hier immer wieder die Rede ist, darf von uns Deutschen nicht als etwas Unerfreuliches gewertet werden, das aus der ganzen Welt über uns kommt, sondern unser Schicksal ist es, sie zu bejahen und vor allem sie selbst weiter voranzutreiben – im eigenen Interesse, aber natürlich auch so, daß sie der ganzen Menschheit Nutzen bringt.

Zweitens: Um in den Wogen der Globalisierung zu bestehen, ist auch der entschiedene Überlebenswille und damit Leistungswille der Deutschen (wie auch der übrigen Europäer) notwendig. Man muß das in aller Schärfe sagen: Weder die freiheitliche Demokratie noch die Modelle der freiheitlichen Gesellschaft und der Marktwirtschaft sind etwas wert, wenn die Menschen, auf denen sie letzten Endes aufbauen, nicht mehr bereit sind, aus ihrer Freiheit etwas Nützliches zu machen. Männer wie Adam Smith, der Urvater der Marktwirtschaft, und die Vorkämpfer der Demokratie konnten sich wahrscheinlich nicht vorstellen, daß das einmal zum Thema werden könnte. Heute sind Ängstlichkeit, übermäßige Bedenklichkeit, Depression und Lethargie aber zum Problem geworden. Allgemeingültige Rezepte lassen sich dagegen nicht verschreiben. Das Thema besteht aber – und es kann, wenn die Dinge schlecht laufen, eines Tages zum Schicksalsthema Europas werden!

Das ist auch nicht nur für den wirtschaftlichen Erfolg Deutschlands bzw. Europas in der Zukunft wichtig, sondern es entscheidet zugleich über sein zukünftiges internationales »Standing«. Mehr denn je ist die internationale Stellung eines Landes (und eines so kleinen Erdteils wie Europa) heute für seine Geschicke existenzentscheidend – viel mehr, als wir Deutschen uns das bei unserer Neigung zur Nabelschau vorstellen können. Natürlich hängt diese Stellung primär von der Außen- und Sicherheitspolitik ab, die das Land betreibt. Aber das reicht heute nicht mehr aus. Mitentscheidend für die Stellung eines Landes in der Welt sind gerade auch seine wirtschaftlichen Potenzen, aber auch seine innere Stabilität und die Fähigkeit zur Lösung seiner Probleme, die ihm in den anderen Hauptstädten zugetraut werden. Denn die politische Einschätzung im Weltmaßstab achtet mit Recht genauso auf die absehbare

Zukunft eines Landes wie auf seinen augenblicklichen Zustand. Von einem ständig klagenden und im Weltmaßstab zurückfallenden Deutschland wird à la longue kaum ein anderes Volk mehr ein Stück Brot nehmen.

Der Gegentrend: Regionalisierung

Die Globalisierung ist nicht der einzige weltpolitische Trend, mit dem es Europa zu tun hat und der ihm noch erhebliche Probleme machen wird. Weitgehend unbeachtet vollzieht sich, ebenfalls im Weltmaßstab, schon eine nicht weniger aufregende Gegenbewegung, die wir hier als Regionalisierung bezeichnen wollen. Sie war einer der Gründe dafür, daß wir oben auf die Vielfalt hingewiesen haben, die die Globalisierung sowohl nach ihren Wirkungsfeldern als auch nach ihren Folgen bietet: Globalisierung nicht nur als ökonomischer, sondern auch als geistiger und politischer Vorgang.

Die wirtschaftliche Entwicklung, von der wir bisher hauptsächlich gesprochen haben, hat ja fast zwangsläufig auch Konsequenzen für das Zusammenleben, ja sogar für das Denken der an der sich globalisierenden Wirtschaft beteiligten Menschen. Die ökonomisch schwächeren Völker werden nicht nur mit völlig neuen Produktionsformen konfrontiert, sondern auch mit westlichen, insbesondere amerikanischen Denk- und Verhaltensmustern. Die westlichen Formen des Produzierens erzeugen Schritt für Schritt auch Folgen für ihren gesellschaftlichen Alltag. Naturwissenschaft und Technik, die ohnehin nach weltweit gültigen Gesetzen und Regeln funktionieren, treten immer mehr in den Vordergrund und drohen religiös-ethische Gewißheiten, die die Völker entwickelt haben, zu überlagern, ja zu verdrängen. Und die Massenmedien wie Rundfunk, Film und Fernsehen tun noch das Ihrige dazu – von den modernen Informationstechniken ganz abgesehen.

Die Völker, die mit diesen Egalisierungstendenzen konfrontiert sind, mögen darauf durchaus verschieden reagieren. Daß sich viele von ihnen zutiefst irritiert fühlen, ja daß sie sich in ihrer kulturellen

Identität gefährdet sehen, darf aber niemanden überraschen und hat, je länger, je mehr, natürlich auch seine politischen Folgen.

Es ist eine uralte Erfahrung: Wenn auf den Menschen allzuviel Neues einstürmt, ist er zunächst einmal irritiert und wird unsicher. Dann aber beginnt er sich auf längst Vertrautes, längst Verinnerlichtes zurückzuziehen und es mit neuem Nachdruck zu betonen. Das gilt für das Leben der Völker genauso wie für das Leben des einzelnen Menschen, und wir sind dabei, das an vielen Stellen der Welt wieder zu lernen.

Begonnen hat diese – übrigens ganz natürliche – Reaktion bei den moslemischen Völkern, zumindest bei einzelnen von ihnen. Das Vordringen fundamentalistischer Tendenzen im Irak, im Iran und in Pakistan gehört dazu ebenso wie die Mobilisierung islamischen Selbstbewußtseins in Indonesien und Malaysia, die Rückkehr des Islam in die südlichen GUS-Staaten und sein kraftvolles Vordringen in Teilen Schwarzafrikas. Aber es ist nicht nur der Islam allein, von dem hier zu sprechen ist. In China kommen, wenn nicht alles trügt, hinter den kommunistischen Formen die tief verwurzelten konfuzianischen Überzeugungen und Haltungen wieder zum Vorschein, und auch das Wiedererstarken des Hinduismus in Indien ist mit Händen zu greifen.(Freilich wird der indische Subkontinent eine sehr viel komplexere Entwicklung nehmen als etwa China oder die Welt des Islam, solange die Konflikte zwischen Indien und Pakistan nicht beigelegt sind.)

Niemand kann heute sagen, wie sich die Zukunft in allen diesen Weltteilen wirklich gestalten wird. Im Moment spricht jedenfalls viel dafür, daß sich die Rückbesinnung auf überkommene Werte in vielen Ländern eher noch verstärken als abschwächen wird.

Das wird zu einer völlig neuen Strukturierung der Welt führen. Über den herkömmlichen Nationalstaaten (die außerhalb Europas ohnehin kaum einmal dem klassischen europäischen Muster entsprechen, sondern noch auf koloniale, d. h. europäische Grenzziehungen zurückgehen) werden sich größere Einheiten der Zusammenarbeit, vor allem der Interessenvertretung und Interessenverteidigung nach außen bilden – Einheiten, die man am besten als »Blöcke«, »Regionen« oder auch »Weltregionen« bezeichnen sollte. Diese neuen Einheiten, die sich also zwischen die weltweiten Organisationen wie die UN und ihre Untergliederungen und das Netz der hergebrachten Nationalstaaten schieben werden, dürfen zwar nicht sofort die gesamte Oberfläche des Erdballs einnehmen, und ihre innere Ordnung wird auch nicht bei allen dem gleichen Grundmuster folgen. Sie werden sich aber zunehmend auch als politische Einheiten verstehen und dementsprechend handeln. Und: Sie werden die Weltpolitik entscheidend verändern.

Wie sich die Dinge im einzelnen abspielen werden, läßt sich heute noch nicht sagen; es kann auch sein, daß in dieser Hinsicht vieles auf geraume Zeit im Fluß bleibt. Soviel ist aber doch sehr wahrscheinlich: Über der Ebene der etwa 200 Nationalstaaten, die es heute gibt und die teilweise noch sehr anarchisch nebeneinander existieren, wird es in absehbarer Zukunft das Neben-, Mit- und Gegeneinander von zehn bis 15 »Regionen« geben, die, wie gesagt, durch ganz verschiedene Weltanschauungen und Grundhaltungen charakterisiert und gesteuert sind. In der Weltpolitik werden diese neuen Größen zunehmend ihre Rolle spielen, und der Westen, vor allem auch Europa, täte gut daran, sich darauf politisch und mental einzurichten.

Nur wenige dieser Regionen werden mit bereits bestehenden Staaten identisch sein, wahrscheinlich nur die USA, das augenblicklich wieder erstarkende Rußland, ferner Japan, China und möglicherweise Indien. Andere werden aus dem Zusammenschluß älterer – und auch fortbestehender – Staaten hervorgehen: die Europäische Union, die im Asean-Pakt vereinigten südostasiatischen Staaten, die islamischen Staaten, die sich allerdings nur zu zwei oder drei Gruppen zusammenschließen dürften, ferner das immer wichtiger werdende Lateinamerika, in dem sich schon jetzt so unterschiedliche Organisationen wie die Wirtschaftsgemeinschaft Mercosur und der eher politisch ausgerichtete Anden-Pakt herausgebildet haben, und nicht zuletzt Schwarzafrika, dessen

Zukunft und innere Strukturen gegenwärtig allerdings noch schwerer vorauszusehen sind als die aller anderen denkbaren Regionen.

Ob es richtig ist, die sich so entwickelnde Welt als polyzentral zu bezeichnen, ist derzeit heftig umstritten. Die Amerikaner, die ihren Konkurrenten augenblicklich nicht nur an Macht, sondern auch an Bereitschaft zur Übernahme weltpolitischer Verantwortung weit überlegen sind, verneinen diese Frage, aber augenscheinlich nur, um ebendiese Bereitschaft und die ihr entsprechende Dominanz nach dem Zusammenbruch des sozialistischen Lagers verbal zu unterstreichen. Rußland und China andererseits bejahen sie, um ihre Gleichrangigkeit mit den USA wenigstens auf dem diplomatischen Parkett zu betonen. Europa jedoch, obwohl es vom amerikanischen Übergewicht fast nur profitiert, wäre gut beraten, wenn es das polyzentrale Modell zumindest ernsthaft durchdächte, um auf alle Eventualitäten vorbereitet zu sein. Wir werden darauf zurückkommen müssen.

Im Jahre 1993 hat der amerikanische Wissenschaftler Samuel Huntington, von ähnlichen Regionalisierungstendenzen ausgehend, die These aufgestellt, daß zwischen den in der Welt entstehenden, weltanschaulich fundierten Blöcken kriegerische Auseinandersetzungen entstehen könnten, ja nahezu unvermeidlich seien und daß sich die Menschheit infolgedessen auf eine Serie weltanschaulich motivierter Weltkriege einrichten müsse. Das Aufsehen, das diese Thesen verursachten, war beträchtlich, zumal ihr Urheber bei Medienauftritten Unklarheiten über die Wahrscheinlichkeit aufkommen ließ, mit der er den Eintritt seiner Prophezeiungen erwartete. Außerdem mag es zwischen seiner Formel »clash of civilizations« und der üblichen deutschen Übersetzung »Kampf der Kulturen« zu nicht beabsichtigten Dramatisierungseffekten gekommen sein – »clash« ist nämlich deutlich unter »Kampf« oder gar »Krieg« angesiedelt und bedeutet eher »Widerstreit«.

Wie auch immer: Der Ausgangspunkt Huntingtons ist durchaus realistisch. Die Blöcke, von denen auch er ausgeht, bestehen zum Teil schon heute, zum Teil zeichnet sich ihre Entstehung in der politischen Realität deutlich ab. Ideologische und ökonomische Interessenkonflikte zwischen ihnen sind ebenfalls so gut wie sicher, und dementsprechend kann man auch die Gefahr militärischer Auseinandersetzungen keineswegs ausschließen.

Zu bestreiten ist allerdings der Automatismus, von dem Huntington zumindest in manchen seiner Äußerungen ausgegangen ist und den vor allem seine Nachbeter gepredigt haben. Selbstverständlich haben wir es hier mit einer reellen Gefahr zu tun. Im übrigen verhält es sich aber hier wie auch sonst bei Gefahren: Sie können sich zwar realisieren, aber sie müssen es nicht.

Und vor allem gilt: Man kann etwas dagegen tun, daß sich Gefahren realisieren. Bei der eminenten Gefährdung des Weltfriedens, die nun einmal nicht zu bestreiten ist, wird es in der absehbaren Zukunft für alle Staaten und Staatenblöcke sogar eine zentrale Aufgabe sein, dafür zu sorgen, daß sie sich nicht realisiert.

Wir werden diese Problematik, soweit sie sich auf die weltpolitischen Aspekte des Themas bezieht, im letzten Kapitel wiederaufgreifen und dort wenigstens die wichtigsten Linien der dazu notwendigen Politik aufzeigen. Vorher soll aber in sieben Kapiteln der Weg zur Wiedergewinnung der innerdeutschen Fitneß skizziert werden; denn diese ist einerseits nötig, um Deutschland selbst wieder auf den Weg des Erfolgs zurückzuführen, andererseits ist sie aber auch die erste Voraussetzung dafür, daß Deutschland seine Rolle in der Welt richtig spielen kann. Auch das ist in der globalisierten Welt von existenzentscheidender Bedeutung. Existenzentscheidend für das Geschick eines Landes (und natürlich auch für das Geschick des kleinen Erdteils Europa) ist heute mehr denn je nämlich seine internationale Stellung. Wir wiederholen es hier bewußt: Diese Stellung eines Landes hängt zunächst von seiner Außen- und Sicherheitspolitik ab, also von Politikfeldern, die in diesem Buch nur am Rande gestreift werden sollen. Genauso kommt es heute aber auch auf das allgemeine Standing der Staaten an, und das wird, wie ebenfalls schon gezeigt, von ihrer wirtschaftlichen Potenz, ihrer inneren Stabilität und ihren Problemlösungskapazitäten mitbestimmt, kurz von dem, was man ihnen in der Welt zutraut (und zutrauen kann). Hier schließen sich gewissermaßen die außen- und die innenpolitischen Teile des Kreises.

III.

Die Chance der offenen Gesellschaft

Die Tendenzen, die wir im ersten Kapitel dargestellt haben, werden sich, soweit sich das heute schon beurteilen läßt, in absehbarer Zeit weder verringern noch abschwächen. Im Gegenteil: Sie werden sich noch verstärken, und vor allem werden sie sich permanent weiter beschleunigen.

Folgerichtig wird es in Zukunft noch mehr als heute darauf ankommen, daß Probleme, wo immer sie entstehen, so schnell wie möglich erkannt und gelöst werden, und wegen der zunehmenden Geschwindigkeit der Veränderungen wird es dabei immer mehr auf rasches Handeln und vor allem auf rasche Entscheidungen ankommen. Gesellschaften werden unter diesen Bedingungen auf die Dauer nur noch dann überlebensfähig sein, wenn sie es fertigbringen, neue Chancen, besonders aber neue Probleme und Risiken so rasch wie irgend möglich zu erkennen, zu überdenken und letztlich auch zu lösen.

Das ist das eigentliche Thema dieses Buches, das sich nicht mit einzelnen Reformen – und seien sie noch so notwendig – befassen soll, sondern mit der Reformfähigkeit der modernen westlichen Gesellschaften überhaupt. Man kann das auch anders formulieren: Wie müssen die modernen westlichen Gesellschaften organisiert werden, damit die Problemlösungskapazität, über die sie verfügen, groß genug ist und rasch genug eingesetzt werden kann, um mit den Umstürzen der heutigen Welt fertig zu werden?

Die Antwort, die wir darauf geben, ist relativ simpel. Die Hoffnung liegt nach wie vor in den Fähigkeiten der offenen Gesellschaft, die freilich zum einen so fortentwickelt und zum anderen so repariert werden muß, daß sie dieser Hoffnung gerecht werden kann.

Zugegeben – die These ist alles andere als neu. Aber weil sie nicht neu ist, braucht sie deshalb nicht falsch zu sein – und außerdem gibt es ja schon nach den Regeln der Logik nur zwei Wege der Gesellschaftsorganisation: den der offenen und den der zentral verwalteten Gesellschaft. Die letztere scheidet nach den Erfahrungen des 20. Jahrhunderts, jedenfalls in ihrer Reinform, aus. Über die Kombination beider Modelle wird aber ohnehin gesprochen werden müssen.

Es hat zu den fundamentalen Irrtümern des sozialistischen Lagers gehört (und spukt noch heute in manchen sozialistischen wie auch konservativen Köpfen herum), daß man allen gesellschaftlichen Problemen am besten durch die Zusammenballung des in der jeweiligen Gesellschaft vorhandenen Wissens in riesigen Bürokratien (Brain-Trusts) begegnen sollte. Alle Versuche in dieser Richtung sind mittlerweile aber gescheitert, und das gilt, so der Stand unseres heutigen Wissens, selbst für halbetatistische Modelle, wie sie etwa in Japan oder Südkorea erprobt wurden und dort für eine gewisse Zeit sogar beträchtliche Erfolge für sich verbuchen konnten.

Ursächlich für dieses Versagen war vor allem das Beharrungsvermögen solcher Bürokratien und die sich daraus ergebende Schwerfälligkeit des gesamten Systems. Bürokratien fällt es außerordentlich schwer, ihre Meinungen und Verhaltensweisen immer wieder aufs neue zu überprüfen, gegebenenfalls über Bord zu werfen und vor allem durch neue Ideen und Verhaltensmuster zu ersetzen. Noch einmal zugespitzt: Sie sind kaum imstande, das für sie »Undenkbare« dann doch einmal zu denken und gar noch zu versuchen. In einer Umwelt, in der neue Probleme, aber auch Chancen wie Pilze aus dem Boden schießen, ist das tödlich.

Und außerdem: Solche Brain-Trust-Bürokratien können natürlich auch von außen oder, sagen wir es deutlich, »von oben« beeinflußt und gesteuert werden. In totalitären Systemen kann man davon ohnehin ausgehen. Aber auch dort, wo es etwas freiheitlicher zugeht, gibt es sogenannte »Vorgaben«, die schon in der Formulierung der gestellten Aufgaben liegen können. Dazu kommt noch der vorauseilende Gehorsam, von dem auch solche Institutionen nicht frei sind. »Damit können wir unserem Auftraggeber doch nicht kommen«, ist eine verbreitete und gerade deshalb ernstzunehmende Redensart. Nicht immer natürlich, aber eine Sicherheit dagegen gibt es auch nicht. Brain-Trusts, die nur »self-fulfilling prophecy« erzeugen, sind aber gefährlicher, als es Politiker wären, die ihre Entscheidungen auswürfeln.

Deshalb haben sich gesellschaftliche und politische Systeme, die nicht mit monozentraler, sondern mit polyzentraler Entscheidungsfindung arbeiten, als sehr viel effektiver und überlebensfähiger erwiesen. Sie sind einfach besser, wenn es um die Basisaufgabe geht: Probleme rechtzeitig zu erkennen und Lösungen dafür zu suchen, zu finden und schließlich in die Realität zu übersetzen. Mit einem Wort: Sie sind lernfähiger als alle anderen. Das ist der innerste Grund für den Sieg des freiheitlichen Lagers über das Lager des »real existierenden Sozialismus«, den unsere Generation erlebt hat, und das muß folgerichtig auch die innerste Leitlinie für jede weitere Politik bleiben.

Das gilt übrigens nicht nur für die Entdeckung einzelner, konkreter Probleme bzw. Chancen (und die Reaktion darauf), sondern auch für die Antwort auf die heute so oft gestellte Frage, wohin die Entwicklung unter den Bedingungen der dynamisierten Gesellschaft »denn eigentlich gehen soll«. Diese Frage ist einfach falsch gestellt, wenn man sich realistisch vor Augen hält, wie viele Veränderungen moderne westliche Gesellschaften in kurzer Zeit zu verarbeiten haben und wie sehr die einzelnen Entwicklungsstränge ineinander verflochten sind. Wir haben schon gezeigt, daß die Entwicklungen, die zu unserer heutigen Welt geführt haben, in ihren Anfängen nicht absehbar waren. Für die Entwicklungen, die heute in Gang gesetzt werden, gilt das selbstverständlich erst recht. Es gibt niemanden, der solch eine gigantische Arbeit leisten könnte. An die Stelle eines klaren und womöglich noch einfachen Zukunftsbildes ist längst ein bloßes Verfahren getreten – das Verfahren, das offene Gesellschaften als ihr Bestes anzubieten haben: Versuch und Irrtum. Mehr ist heute nicht mehr möglich (und war es übrigens auch in der ganzen Geschichte der Menschheit nicht).

Wenn oben im ersten Kapitel von der Reise der modernen Gesellschaften gesprochen wurde, die ohne brauchbare Landkarten und ohne sichtbares Ziel gemacht werden muß, so läßt sich auch die Rückkehr zu Versuch und Irrtum in diesem Bild ausdrücken: Politik wird zukünftig bedeuten, daß auf allen denkbaren Wegen »auf Sicht« gefahren werden muß – mit unendlich vielen Detailproblemen, unaufhörlichen Kurskorrekturen und mit der Notwendigkeit zu ständigen raschen Entscheidungen.

Wir haben es hier mit der elementarsten Begründung des »freiheitlichen« bzw. »offenen« Gesellschaftssystems zu tun. In diesem System kann sich nämlich – zumindest theoretisch – jedermann an der Bewältigung der soeben beschriebenen Basisaufgabe beteiligen. Das Grundrecht der Gedankenfreiheit schafft ihm die Möglichkeit, Probleme aufzusuchen und über ihre Lösung nachzudenken. Die Freiheit, sich aus allgemein zugänglichen Quellen zu informieren, erleichtert ihm dabei den Zugang zur Faktenbasis. Die Meinungsfreiheit sorgt dafür, daß er sich über seine Vorstellungen und Pläne mit anderen austauschen kann. Das Eigentum schützt die gefundene Lösung (als Patent), wenn sie wirklich neu ist. Die Berufsfreiheit gibt ihm die Chance, seine Lösungen gewerblich zu verwerten und im Erfolgsfalle daran zu verdienen. Die Vereinigungsfreiheit schließlich sorgt dafür, daß er mit anderen zusammen arbeiten oder sich von ihnen finanzieren lassen kann.

Man kann daraus übrigens noch etwas anderes, sehr Wichtiges lernen: Die Grundrechte, die in der zweiten Hälfte des 18. Jahrhunderts entstanden und seither immer weiter ausgebaut worden sind, dienen nicht nur dem Einzelmenschen. Das ist natürlich ihre zentrale Bestimmung, und wer einmal in einem unfreien Land gelebt hat, der weiß, was das bedeutet. Gleichwohl haben sich mit den Grundrechten aber seit je auch gesamtgesellschaftliche Hoffnungen verbunden, die sich in dem – oft angezweifelten – Satz zusammenfassen lassen, daß freie Bürger, wenn man sie nur sich selbst überläßt, Probleme mit ungleich höherer Wahrscheinlichkeit lösen, als es die wohlmeinendste und bestorganisierte Bürokratie vermöchte.

In der Freiheit des Individuums und in seiner Problemlösungsfähigkeit liegt aber der Grund für die stupenden Erfolge der offenen, freiheitlichen Form der Gesellschaft und vor allem auch ihrer ökonomischen Nutzanwendung, der Marktwirtschaft – denn Marktwirtschaft ist nichts anderes als offene Gesellschaft auf ökonomischem Gebiet. Unkoordiniert und daher unabhängig voneinander stellen sie mehr Gehirne – Einzelpersonen, Unternehmen, Institutionen – bereit, sich an der Auffindung und Lösung neuer Probleme und an der Nutzung neuer Chancen zu beteiligen, als jede andere denkbare Gesellschaftsform, und mit jedem zusätzlichen Gehirn wächst die Wahrscheinlichkeit der rechtzeitigen Lösung von Problemen und der rechtzeitigen Wahrnehmung sich bietender Chancen. (Die hundertprozentige Sicherheit des Erfolgs ist natürlich auch damit nicht garantiert. Aber hundertprozentige Sicherheiten gibt es in dieser Welt überhaupt nicht.)

Die menschliche Freiheit trägt ihren Wert gewiß unmittelbar in sich, und das gilt selbstverständlich auch von der offenen Gesellschaft, die ihren Mitgliedern diese Freiheit zur Verfügung stellt. Die größtmögliche Problemlösungskapazität, die daraus ebenfalls entspringt, ist aber die zweite Rechtfertigung dieser Gesellschaftsform.

Wer solche Auffassungen vertritt, muß heute damit rechnen, daß ihm alsbald der Vorwurf des Neoliberalismus gemacht wird, und der scheint etwas ganz besonders Schlimmes zu sein. Aber der Vorwurf trifft nicht. Zunächst läßt sich mit ziemlicher Sicherheit sagen, daß diejenigen, die das Wort verwenden, etwas ganz anderes meinen, als die Wortkonstruktion nahelegt. Herkömmlicherweise versteht man unter Liberalismus eine politische Idee, die sich für die Freiheit des Menschen und im Zusammenhang damit für die Freiheitlichkeit des Staates einsetzt, und daran wird man schwerlich etwas aussetzen können. Neoliberalismus wäre dementsprechend der Kampf für die Wiedereinführung oder doch Erneuerung liberaler Verhältnisse, und auch dagegen kann wohl kaum etwas vorgebracht werden.

Gemeint ist von den Kritikern allerdings etwas ganz anderes, nämlich die Rückkehr vom Modell der sozialen Marktwirtschaft zu dem der reinen Marktwirtschaft, auch Manchester-Liberalismus genannt. Daß das eine entscheidende Frage ist, läßt sich nicht bestreiten. Die Vokabel »Neoliberalismus« drückt das aber nicht aus, und die Frage, wie groß der soziale Anteil an der Marktwirtschaft und den sonstigen Ausformungen der offenen, freiheitlichen Gesellschaft sein soll, wird an ganz anderer Stelle entschieden, vor allem bei der Theorie der sozialen Marktwirtschaft selbst und bei der Frage, welche Rolle der Staat in der freiheitlichen Gesellschaft überhaupt zu spielen hat. Auf alle diese Fragen werden wir später noch zurückkommen. Für den Augenblick trifft der Vorwurf des Neoliberalismus – wenn er denn erhoben werden sollte – jedenfalls nicht.

Vielleicht ist hier aber schon der richtige Ort, um erste Bemerkungen zum Verhältnis zwischen Staat und Gesellschaft im freiheitlichen Gesellschaftssystem zu machen. Liberalen Vorstellungen hat es ursprünglich entsprochen, daß der Staat lediglich für den Frieden und die Sicherheit der Gesellschaft, äußerstenfalls für die Aufstellung und Einhaltung von gewissen Spielregeln zu sorgen hat, nach denen die Gesellschaft, speziell die Wirtschaft, ihre Entscheidungsprozesse durchzuführen hat. Solange der Staat dabei monarchisch konstituiert war, konnte man von ihm beides erwarten; denn Gesellschaft und Staat waren ganz verschiedene soziale Größen und folgten ganz unterschiedlichen Entscheidungsregeln. Heute, im demokratischen Staat, ist das anders: Hier sind die gleichen Menschen Staat und Gesellschaft, und diese unterscheiden sich allenfalls noch in ihren Entscheidungsverfahren. Trotzdem bleibt es aber dabei: Der Staat, speziell der Gesetzgeber, trägt die Verantwortung für den Bestand und das Funktionieren der Gesellschaft und ihrer »Untersysteme« (wie Wirtschaft, Wissenschaft usw.).

Ob der Staat auch dazu da ist, die Ergebnisse, die Gesellschaft und Wirtschaft zutage fördern, zu korrigieren, steht auf einem ganz anderen Blatt. Die Lehre von der sozialen Marktwirtschaft zum

Beispiel hat diese Frage implizit bejaht, und in diesem Buch wird an der Stelle, an der es richtig ist, die gleiche Meinung vertreten werden. Dann wird auch über das richtige Maß staatlicher Intervention und staatlicher Korrektur zu sprechen sein. Und dann wird sich der Leser auch ein Urteil darüber bilden können, ob hier Neoliberalismus gelehrt wird oder nicht.

IV.

Marktwirtschaft heute

Daß die marktwirtschaftliche Ordnung der ökonomischen Verhältnisse die wichtigste Folge aus der Entscheidung für die offene, freiheitliche Gesellschaftsform darstellt, ist unbestreitbar. Ebenso unbestreitbar ist, daß sie, wo sie ernsthaft verwirklicht wird, auf die Dauer als Ursache und Quelle eines enormen ökonomischen Aufschwungs wirkt. Und sie ist nicht, wie so oft behauptet wird, nur zum Schutz und zur Privilegierung von Unternehmern erfunden worden, sondern vor allem deshalb, weil man sich von einer Wirtschaftsordnung, in der sich jeder seine Ziele selbst setzt und sie auch im eigenen Interesse zu erreichen sucht, zugleich die effektivste und rascheste Lösung bestehender Probleme versprechen kann.

Auffallend am gegenwärtigen Zustand der Weltwirtschaft ist allerdings, daß es deutlich mehr Marktwirtschaften als wirklich offene, freiheitliche Gesellschaften gibt. Freiheit des Denkens und Handelns ist, um es so zu sagen, auf der Welt weniger verbreitet als das Gewinnstreben, das letztlich auch die Marktwirtschaft in Bewegung hält und immer weiter vorantreibt.

Es spricht deshalb viel dafür, die Zukunftsfähigkeit der Marktwirtschaft hier gesondert zu überprüfen. Dabei stößt man sehr rasch auf zwei Besonderheiten, die zwar bei der Marktwirtschaft, nicht aber generell bei der offenen Gesellschaft auftreten.

Einerseits sind die theoretischen Vorstellungen vom Funktionieren offener Gesellschaften bei der Marktwirtschaft weiter entwickelt als sonst bei der offenen Gesellschaft. Das hängt damit zusammen, daß sich die Dinge im wirtschaftlichen Bereich leichter beweisen und vor allem auch quantifizieren lassen. Andererseits sind die Schattenseiten des Systems klarer erkennbar als anderswo im Kontext der offenen Gesellschaft. Deutschland hat daraus nach dem Zweiten Weltkrieg denn auch die deutlichsten Konsequenzen gezogen, indem es das marktwirtschaftliche Wirtschaftssystem zum System der sozialen Marktwirtschaft weiterentwickelte. Wenn wir diese Aspekte mit einbeziehen wollen, muß das Modell der Marktwirtschaft hier differenzierter diskutiert werden als das der offenen Gesellschaft im allgemeinen.

Das Modell

Beim Modell der offenen Gesellschaft, wie wir sie bisher dargestellt haben, wird genaugenommen mit dem Gesetz der großen Zahl gerechnet: Wenn sich sehr viele Menschen, Institutionen und Unternehmen am Suchen und Lösen gesellschaftlicher Probleme beteiligen, ist es so gut wie sicher, daß einer von ihnen auch eine wirksame Lösung findet, und je mehr sich beteiligen, desto sicherer wird es, daß die Lösung gefunden – und zwar rasch gefunden – werden kann.

In der Wirtschaft kommt es allerdings auf mehr an: Hier muß nicht ein Einzelproblem, so wichtig es auch sein mag, gelöst werden, sondern es muß ein riesiger Markt mit vielen einzelnen Unternehmern und Verbrauchern geordnet werden.

Der Ordnungsfaktor, der hier ins Spiel kommt, ist der Preis. Er bestimmt darüber, wie viele Interessenten, die eine bestimmte Ware oder Dienstleistung benötigen, sie sich auch leisten können. Damit bestimmt er zugleich, welche Anbieter erfolgreich sind und welche nicht; denn wenn er bei einem Teil der Anbieter unter den Gestehungskosten liegt, schreiben diese rote Zahlen. Und er bestimmt damit schließlich auch über den Fluß der Güterströme, vor allem der Rohstoffströme; denn diese werden sich ganz automatisch dorthin ausrichten, wo der meiste Gewinn zu erwarten ist.

Der Preis selbst aber reguliert sich, jedenfalls in der marktwirtschaftlichen Theorie, nach Angebot und Nachfrage. Je umfangreicher das Angebot einer bestimmten Ware oder Dienstleistung auf dem Markt ist, desto weniger Konkurrenz wird es unter den potentiellen Abnehmern geben, desto weniger wird der eine versuchen, den anderen zu überbieten, und desto niedriger wird schließlich der Preis ausfallen. Auf der anderen Seite wird es sich genauso verhalten: Je mehr Interessenten sich um eine Ware oder Dienstleistung bewerben, und je dringender sie sie benötigen, desto mehr wird es zu gegenseitigen Überbietungen kommen und desto höher wird am Ende der Preis sein.

Was diesem Modell zugrunde liegt, ist bei Licht betrachtet also eine ganz einfache Vorstellung aus der Geometrie: Angebot und Nachfrage sind die Komponenten eines gedachten Kräfteparallelogramms, und aus beiden Komponenten ergibt sich erfahrungsgemäß eine Resultante – hier eben der Preis.

Die Idee der Freiheit spielt in der marktwirtschaftlichen Theorie die gleiche Rolle wie in der Theorie der offenen Gesellschaft, nur daß es sich dieses Mal um ökonomische Freiheiten handelt: Freiheit des Investierens einschließlich der freien Entscheidung, ob und was produziert werden soll, Freiheit der Unternehmensorganisation und Unternehmensführung, Freiheit des Angebots auf den Märkten einschließlich freier Entscheidung über die Preisforderungen, Freiheit des Vertragsabschlusses mit Kunden (die selbstverständlich ebenso frei über den Erwerb des Angebotenen entscheiden können) und schließlich Freiheit der Entscheidung über die Verwendung des Gewinns. In unseren Verfassungen sind alle diese Freiheiten abgesichert, meist im Rahmen der Berufsfreiheit und der Eigentumsgarantie, teilweise im Rahmen der allgemeinen Handlungsfreiheit, die natürlich auch ihre ökonomischen Seiten hat.

Abweichungen vom Modell

Die marktwirtschaftliche Theorie ist erstmals im Jahre 1776 durch den Engländer Adam Smith in seinem Buch über den Wohlstand der Völker entwickelt worden und hat seither im wesentlichen Bestand. Daß sie gewisse Parallelen zu Ideen aufweist, die der Franzose Jean-Jacques Rousseau schon 1762 in seinem Buch über den

Contrat Social – dort allerdings zur Entstehung des politischen Volkswillens – geäußert hatte, soll hier nur der Kuriosität wegen erwähnt werden. Viel wichtiger ist, daß Adam Smith – natürlich – in einer bestimmten historischen und insbesondere ökonomischen Situation schrieb. Das legt den Verdacht nahe, daß er seinen Betrachtungen gewisse Besonderheiten seiner Zeit zugrunde legte, die er für selbstverständlich hielt, die es in Wirklichkeit aber nicht waren und sich daher in den seither vergangenen Jahrhunderten geändert haben. Und dieser Verdacht ist berechtigt, ganz besonders in zwei Beziehungen.

1. Als die marktwirtschaftliche Doktrin entstand, gab es nicht einmal in dem stets besonders weit entwickelten England eine nennenswerte Industrie. Die Wirtschaftssubjekte, an die Smith überhaupt nur denken konnte, waren kleine, bestenfalls mittelgroße Bauern, kleine Handwerker und nicht weniger kleine Händler; Erscheinungen wie Großgrundbesitz und (meist auf den Außenhandel ausgerichtete) Handelsgesellschaften gab es zwar, sie können in seinem Denken aber keine allzu große Rolle gespielt haben. Das heißt aber: Die Wirtschaftssubjekte, von denen er ausging, gab es in ziemlich großer Zahl, und sie waren annähernd gleich stark. Infolgedessen nahmen sie auch annähernd gleichen Einfluß auf die Entstehung der Preise, die sich Smith ja von seinem Markt erwartete, und damit zugleich auf die innere Ordnung der Märkte, von der er sich, wie schon ausgeführt, die bestmögliche Lenkung der Güter- und Ressourcenströme erhoffte.

Das hat sich in den zwei Jahrhunderten, die seit dem Erscheinen seines Buches ins Land gegangen sind, grundlegend geändert, und schon deshalb erweist sich in diesem Punkt eine Korrektur seines Marktmodells als unausweichlich. Wird die ökonomische Stärke der am Markt agierenden Wirtschaftssubjekte sehr ungleich, so kann das nämlich zwei höchst unbequeme Folgen nach sich ziehen. Einerseits wird der Markt dann zum Herrschaftsinstrument der Großen über die Kleinen, weil dem überproportionalen Einfluß auf eine der beiden Komponenten logischerweise auch ein überproportionaler Einfluß auf die Preisbildung entspricht. Andererseits kann der Markt auch immer anfälliger für Irrtümer, Verkrustungen und Fehlentwicklungen werden, als es dem ursprünglichen Modell entspricht. Denn das ist eine Erfahrung, die so gut wie immer zutrifft: Weniger Menschen können leichter irren oder unsensibel werden als viele, und auch die Folgen solchen Fehlverhaltens können schlimmer werden, bis hin zur Katastrophe. Es steht also die innere Stimmigkeit des ganzen Systems auf dem Spiel!

2. Die Wirtschaftssubjekte, von denen Adam Smith ausging, verfügten zwar bestimmt über eine Ausbildung und ein Wissen, mit dem sie zu ihrer Zeit gut über die Runden kamen, aber allzu viel kann es doch auch wieder nicht gewesen sein. Was ein Handwerker, Landwirt oder Einzelhändler seiner Zeit an Kenntnissen brauchte, war im Verhältnis zu heute gering und wurde entweder im elterlichen Betrieb erlernt, in dem die Kinder selbstverständlich mitzuarbeiten hatten, oder doch in einer drei-, höchstens vierjährigen Lehrzeit. Mehr Wissen war im Regelfall nicht erforderlich, vor allem keine höhere Bildung bzw. Ausbildung.

Auch das hat sich seither grundlegend geändert. Es würde nicht sehr weit führen, wollte man all das Wissen aufzählen, das heute der kleinste Gewerbetreibende an Technik- und Warenkunde, Arbeits- und Steuerrecht, an Buchhaltungs- und Bilanzregeln, an Gesundheits- und Hygienevorschriften usw. vorweisen muß. Man kann davon einiges für übertrieben halten, fest steht aber, daß heute kaum mehr ein Beruf ohne gründliche Vorbildung ausgeübt werden kann. Das ist wahrscheinlich die fundamentalste Folge aus der Verwissenschaftlichung der modernen Welt, um die es gerade in diesem Buch geht.

Deshalb ist eine dieser Entwicklung angepaßte Bildungspolitik das entscheidende Desiderat unserer Zeit. In einer Wirtschaftsgesellschaft, die sich nicht mehr allein durch Kapital und Arbeit, sondern ebenso durch Wissen definiert, sitzt die Bildungspolitik an einem der elementarsten Hebel des gesamten marktwirtschaftlichen Systems. Es ist daher keine Übertreibung, wenn gelegentlich gesagt wird, die Bildungspolitik sei das Megathema unserer Zeit!

Daß hier bei weitem nicht alles in Ordnung ist, weiß mittlerweile jeder. Zwar hat es in den mehr als fünf Jahrzehnten, die die Bundesrepublik Deutschland nun besteht, kaum einmal ein Jahr gegeben, in dem nicht irgendwelche Veränderungen am Schul- und Hochschulwesen vorgenommen und sogleich als bahnbrechende Reformen angepriesen worden wären. Im allgemeinen hat man sich dabei aber auf unvermeidliche Angleichungen der Schulformen im Bundesmaßstab und daneben auf ziemlich fragwürdige, meist von Lehrerinteressen diktierte organisatorische Korrekturen beschränkt, die man genausogut auch hätte unterlassen können. Ein wirklicher Fortschritt war eigentlich nur das dichte Netz weiterführender Schulen, das aus den städtischen Bereichen heraus über die gesamte Fläche des Landes gebreitet wurde, und im Zusammenhang damit der entschiedene Ausbau des berufsbildenden Schulwesens. Durch beide Maßnahmen sind die Bildungs- und Aufstiegschancen, die unsere Gesellschaft zu bieten hat, auch zu Bevölkerungsgruppen gebracht worden, die bis dahin fast keinen Zugang zu ihnen hatten, und die Gleichheit der Chancen zum beruflichen und gesellschaftlichen Aufstieg ist, sosehr das mitunter auch bestritten, ja sogar kritisiert wird, eine der wichtigsten Attraktionen der offenen Gesellschaft – die Nagelprobe auf ihr Funktionieren.

Weniger erfolgreich waren jene Reformmaßnahmen, die – schichtenspezifisch – die Bildungschancen der Arbeiterkinder zusätzlich verbessern sollten. Auch dieses Thema ist von fundamentaler Bedeutung für eine offene Gesellschaft, nicht nur aus Effektivitätsgründen, sondern auch aus Gründen der sozialen Gerechtigkeit. Man hat es aber nicht von der Seite her angepackt, von der aus es richtig gewesen wäre, nämlich mit speziellen Stützungsmaßnahmen für die potentiellen Aufsteiger und ihre Familien, sondern mit einer jahrzehntelang geübten Tendenz, in den Schulen und Hochschulen immer weniger Leistung zu verlangen, und das in einer Zeit, in der von der Leistungsfähigkeit der deutschen Wirtschaft ihre Fähigkeit zum weiteren erfolgreichen Bestand auf den Weltmärkten abhängt!

Es mag ja sein, daß auch damit dem einen oder anderen Arbeiterkind der soziale Aufstieg erleichtert wurde. Zugleich ist damit aber auch vielen untüchtigen Kindern aus arrivierten Schichten der verdiente Abstieg erspart worden. Das hat nicht nur zu den Ergebnissen geführt, die der deutschen Öffentlichkeit seltsamerweise erst durch die sogenannte PISA-Studie nahegebracht worden sind, sondern es hat auch die wichtigste Funktion offener Gesellschaften weitgehend suspendiert, nämlich den leistungsbedingten Personalausgleich zwischen »unten« und »oben«.

Soziale Marktwirtschaft

Die Gegner der Marktwirtschaft pflegen gegen sie einen Lieblingsvorwurf: Sie betone einseitig die Freiheit (die natürlich nur eine Freiheit der Unternehmer sei), und das zu Lasten der Gleichheit, die in den geschriebenen Staatsverfassungen zwar gleichberechtigt neben der Freiheit stehe, in der Marktwirtschaft aber auf ein Minimum zusammengeschrumpft sei, nämlich auf eine bloße Chancengleichheit.

Daß dieser Vorwurf unberechtigt ist, wird sich auf den folgenden Seiten erweisen. Hier mag es zunächst einmal genügen, an die Leidenschaft zu erinnern, mit der Wirtschafts- und Gesellschaftspolitiker der ersten Stunde wie der erste Bundeswirtschaftsminister Ludwig Erhard und sein langjähriger Staatssekretär Alfred Müller-Armack betont haben, für sie gebe es nur eine Marktwirtschaft, die die Bedürfnisse aller Menschen in Rechnung stelle und die daher Wohlstand für alle schaffe. Das Markenzeichen dafür hieß soziale Marktwirtschaft.

Über die Gründe, die beide zu ihrem Verständnis von Marktwirtschaft führten, braucht man nicht lange zu rätseln. Sie kommen aus zwei leicht einzusehenden Richtungen. Einerseits handelt es sich ganz einfach um Gerechtigkeitserwägungen; denn wenn

Gleichheit unter den Menschen sich auch niemals voll herstellen läßt, kann eine Gesellschaft das Maß an Gerechtigkeit, das auf Erden überhaupt zu erreichen ist, doch auch nicht außer Betracht lassen, sonst würde sie zur Räuberhöhle. Und andererseits bauten Erhard und Müller-Armack auch auf Stabilitätsüberlegungen auf: Gesellschaftssysteme, in denen es allzuviel Ungleichheit und Ungerechtigkeit gibt, leben erfahrungsgemäß nicht lange in Ruhe, sondern enden irgendwann einmal in Aufstand, Revolution und Bürgerkrieg; Beispiele dafür gibt es in der Geschichte wie in der Gegenwart zur Genüge. Es ist hier wie so oft im Leben: Das Gute und das Nützliche liegen nicht weit auseinander.

Die staatliche Sozialpolitik, die man bedenkenlos als den Anfang und zugleich als den Kern der sozialen Marktwirtschaft betrachten kann, nahm ihren Ausgang bekanntlich von der sogenannten sozialen Frage, die während des 19. Jahrhunderts als Folge zunehmender Industrialisierung entstand (und diese war ihrerseits eine erste Konsequenz der Technisierung). Die Beinahe-Gleichheit der Wirtschaftssubjekte, von der noch die Väter der Marktwirtschaft im 18. Jahrhundert ausgehen konnten, ging mit der Industrialisierung zu Ende. Je weiter diese voranschritt, desto größer wurden die Elendsmassen der Arbeiterschaft und desto klarer wurde es zumindest einzelnen Politikern, daß hier Abhilfe geschaffen werden mußte.

Was Deutschland betrifft, ist hier natürlich zuerst an die Bismarcksche Sozialversicherung zu erinnern, die die wirtschaftliche und soziale Ungleichheit der »Stände« zwar weder beseitigte noch auch nur bekämpfte, die aber wenigstens darauf angelegt war, ihre schlimmsten Folgen für den einzelnen Arbeiter und seine Angehörigen irgendwie »abzufedern«. Allerdings muß man hier genau hinsehen: Die Leistung des Staates bestand anfänglich nicht etwa in eigener finanzieller Hilfe, sondern ausschließlich im gesetzlichen Zwang zum Abschluß von Versicherungsverhältnissen.

Bei den Vorstufen zum zweiten Teil unseres heutigen »sozialen Netzes«, der Sozialhilfe, verhielt sich das anders: Hier flossen immerhin öffentliche Mittel, wenn sie auch aus kommunalen Kassen kamen – und die kommunalen Körperschaften rechnete man seinerzeit nicht wie heute zum Staat, sondern zur Gesellschaft.

Wieder andere Überlegungen verbargen sich hinter der allmählichen Entstehung des Arbeitsschutzrechts, ja überhaupt des Arbeitsrechts, die ebenfalls im 19. Jahrhundert ihren Ausgang nahm. Hier wurde nämlich klar, daß der Staat des ausgehenden 19. und dann des 20. Jahrhunderts nicht mehr damit auskam, Gesellschaft und Wirtschaft zu schützen und im übrigen »machen zu lassen«, sondern daß er dazu übergehen mußte, bei grundsätzlicher Aufrechterhaltung des Systems besonders unannehmbare Ergebnisse des freien Spiels der immer ungleicher werdenden Kräfte zu beheben oder noch besser zu verhindern.

Wollte man die soziale Komponente der modernen Marktwirtschaft allein mit Sozialversicherung, Sozialhilfe und Arbeitsgesetzgebung gleichsetzen, so wäre das freilich entschieden zu kurz gegriffen. Selbstverständlich gehören die Verhütung eklatanter Armut und Schutzlosigkeit ganz allgemein in diesen Zusammenhang. Das Wesentliche an der sozialen Marktwirtschaft ist aber, daß jedem Menschen, wenn auch gestaffelt nach Wissen, Können und Leistung, faire Erwerbs- und vor allem Aufstiegschancen geboten werden müssen. Dazu ist vieles nötig: zuerst natürlich der Schutz vor Entwürdigung und Ausbeutung, sodann die Gewährleistung jener Freiheiten, die der Mensch zur Verwirklichung seiner Lebenspläne braucht, und schließlich, wenn das Spektrum der realen Chancen allzu eingeengt ist, materielle Hilfen für die Schwächeren – allerdings Hilfen, die nur Starthilfen sein sollten, wenn das System nicht in sein Gegenteil verkehrt werden soll.

Soziale Infrastruktur

Noch aus einem anderen Grund kann das soziale Element in der sozialen Marktwirtschaft nicht einfach mit dem Netz aus Sozialversicherung, Sozialhilfe und Arbeitsgesetzgebung gleichgesetzt werden. Unsere Gesellschaft und nicht zuletzt der zu ihr gehörige

Staat haben noch ganz andere Wege eingeschlagen, um für hinreichende soziale Sicherheit und hinlänglichen Wohlstand auch der sogenannten kleinen Leute zu sorgen. Hier kann man zwar nicht mehr vom »sozialen Netz«, wohl aber von einem weiteren Aspekt der sozialen Marktwirtschaft sprechen.

Beginnen wir mit Leistungen der öffentlichen Hand, die der moderne Bürger wie selbstverständlich in Anspruch nimmt, ohne sie noch als etwas Besonderes zu empfinden – und übrigens auch ohne sehr viel für ihre Beanspruchung zu bezahlen (außer den allgemeinen Steuern natürlich, die er aber auch ohne Inanspruchnahme solcher Leistungen zu zahlen hätte).

In erster Linie ist hier an das breitgefächerte deutsche Bildungswesen zu erinnern, an die zahllosen allgemeinbildenden und berufsbildenden Schulen und sonstigen Institute, aber auch an die Hochschulen, Akademien und Universitäten. Auf die Gefahr der Wiederholung hin: Sie sind für die soziale Komponente unserer Marktwirtschaft nicht nur deshalb wichtig, weil sie das Wissen vermitteln, ohne das die weltweite Konkurrenz nicht zu bestehen ist, sondern auch deshalb, weil sie es sind, die die bildungsmäßigen Chancen zum sozialen Aufstieg bzw. zum Klassenerhalt junger Menschen zu verteilen und damit über die Rekrutierung der Tüchtigsten zu wachen haben.

Gebührenfreie Staatsleistungen dieser Art gibt es auch noch in anderen Bereichen. Nur ein einziges, allerdings nicht weniger wichtiges Beispiel sei hier erwähnt: die Verkehrsinfrastruktur, also das dichte Netz von Autobahnen und Straßen, von Plätzen und Brükken, das im Zeitalter der allgemeinen Motorisierung ebenfalls fast jedermann zugute kommt.

Daneben gibt es Einrichtungen, deren Leistungen zwar nicht ohne jede finanzielle Beteiligung der Nutzer zu haben sind, die ihre Leistungen aber weit unter den realen Gestehungskosten anbieten können, weil sie mit staatlichen Zuschüssen, mit der Zurverfügungstellung staatlichen Personals oder zumindest mit der Deckung anfallender Defizite durch den Staat rechnen können. Bezieht man sie in unsere Überlegungen mit ein, so erweitert sich das Spektrum noch einmal erheblich. Dann muß nämlich auch von den öffentlichen oder doch öffentlich subventionierten Kliniken, Rettungssystemen, Kindergärten und Weiterbildungseinrichtungen, von den öffentlichen Verkehrsbetrieben, den Betrieben der Energie- und Wasserversorgung, der Altwasserentsorgung, der Müllbeseitigung und Straßenreinigung, von den öffentlichen Museen, Galerien, Theatern und Orchestern gesprochen werden und nicht zuletzt von den elektronischen Massenmedien, die sich ja auch zu einem beträchtlichen Teil in öffentlicher Hand befinden.

Wir haben es hier mit einem dichten Netz von Nützlichkeiten und Bequemlichkeiten zu tun, das längst zur Normalausstattung der Gesellschaft und damit des einzelnen Bürgers gerechnet wird und den Leistungen der Sozialpolitik ohne weiteres zur Seite gestellt werden kann. Die oft zu hörende Behauptung, die soziale Komponente der Marktwirtschaft biete nur eine mehr oder weniger theoretische Chancengleichheit, erweist sich spätestens hier als falsch. Im Gegenteil: Es gibt einen ungewöhnlich breiten Sockel handfester und jederzeit realisierbarer Leistungen des Staates für den Bürger, auch über den Kreis finanzieller Leistungen hinaus. Gleichheit bedeutet gerade in der sozialen Marktwirtschaft deutscher Prägung weit mehr als Chancengleichheit!

Allerdings türmen sich bei diesem Aspekt der sozialen Marktwirtschaft momentan auch die Probleme. Das hängt nicht zuletzt damit zusammen, daß weder Politik noch Wissenschaft und Publizistik ihm bisher die nötige Aufmerksamkeit geschenkt haben und daß sich auch die politische Verantwortung für ihn auf Bund, Länder und Gemeinden verteilt. Es kommt hier nicht darauf an, ob diese Kompetenzverteilung so bleiben soll oder nicht. Notwendig ist aber, daß das riesige Leistungssystem, um das es sich hier handelt, in sich halbwegs stimmig ist, und das kann man im Augenblick schwerlich behaupten. Das Beispiel, das wir hier als einziges anführen, hat in den vergangenen Monaten bundesweite Aufmerksamkeit auf sich gezogen: Es ist völlig absurd, daß Eltern für ihre

Kinder fast unerschwingliche Kindergartenbeiträge bezahlen müssen, während ganze akademische Studiengänge gebührenfrei angeboten werden und ein ganzes politisches Lager daran überhaupt nichts zu beanstanden findet.

Ganz allgemein wird in baldiger Zukunft die Frage aufgeworfen werden müssen, ob der Sockel staatlicher Leistungen, von dem wir hier sprechen, in den vergangenen Jahrzehnten nicht allzu üppig geworden ist und nunmehr, in Zeiten bescheidenerer Staatsfinanzen, zurückgeschnitten werden sollte. Das wäre, wie zuzugeben ist, nicht ohne jedes Problem, weil es ja immerhin darum geht, die Marktwirtschaft über die reine Chancengleichheit hinaus zu verwirklichen. Trotzdem sind auch hier Üppigkeiten eingerissen, die Deutschland sich in absehbarer Zukunft so nicht mehr leisten kann.

Eine zentrale Frage in diesem Zusammenhang wird es sein, inwieweit Gebühren, die sozial Schwachen nicht auferlegt werden, auch Bessergestellten erspart werden müssen. Das ist von Sektor zu Sektor gewiß unterschiedlich zu beantworten und soll hier nicht im Detail untersucht werden. Es gibt aber einen Automatismus, der sich auf die Dauer nicht wird halten lassen, nämlich das Argument, daß die sozial Schwachen diskreditiert würden, wenn sie sich bei der Frage ihrer Heranziehung zu Gebühren als – eben – sozial schwach bekennen müßten. Das Argument ist natürlich nicht ganz von der Hand zu weisen, und es mag durchaus sein, daß es bei der Einführung mancher allgemeinen Gebührenfreiheit auch tatsächlich eine Rolle gespielt hat. Genausooft dürfte es aber nur als Schutzbehauptung zugunsten begüterter Geizhälse gedient haben, und das sollte sich Deutschland nicht mehr leisten. Letzten Endes könnte man mit diesem Argument Millionären auch noch Sozialhilfe verschaffen.

Man kann aus solchen Überlegungen etwas Grundsätzliches über den Sinn des Sozialstaates lernen. Sein Zweck ist es nicht, das Leben aller Menschen zu erleichtern, sondern er ist dafür da, die wirklich Bedürftigen zu stützen und ihnen, solange sie sich an der

Grenze zur Bedürftigkeit bewegen, Sicherheit zu geben und Mut zu machen: Wenn ihr den Kampf, den ihr da führen müßt, verliert, fangen wir euch auf und garantieren euch das Existenzminimum. Andere, die den gleichen Kampf gewonnen haben, brauchen von diesem Netz nicht zu profitieren.

Sozial ist die moderne Marktwirtschaft übrigens nicht nur deshalb, weil der Staat ihr unsoziale Auswirkungen zu einem guten Teil untersagt und weil er darüber hinaus mit beachtlichen Leistungen eingreift, sondern weil sie sich auch selbst als Ursache und Quelle von Wohlstand für alle erweist. Es mag ja sein, daß in sozialistischen Gesellschaften die Ungleichheit der Nominaleinkommen etwas geringer ist als in einer sozialen Marktwirtschaft (obwohl natürlich auch im Sozialismus die Angehörigen der sogenannten Nomenklatura zunächst für sich zu sorgen pflegen). Aber das kann man trotzdem mit gutem Gewissen behaupten: daß es in einer sozialen Marktwirtschaft deutscher Prägung auch dem letzten Sozialhilfeempfänger besser geht als dem Durchschnittsverdiener in sozialistischen Staaten. Die einzelnen Kuchenstücke mögen in der Marktwirtschaft durchaus ungleicher sein als im Sozialismus, aber der Kuchen als Ganzes ist um so vieles größer, daß diese Ungleichheit dahinter einfach verschwindet.

Mit der größte soziale Effekt der sozialen Marktwirtschaft kommt daher aus einem Sektor, auf den der Staat überhaupt keinen Einfluß hat: aus dem Beschäftigungsgrad und aus der Lohnpolitik der Unternehmen. Ein Land, in dem, zumindest annähernd, Vollbeschäftigung herrscht, hat dementsprechend nicht nur geringere Sozialkosten für Arbeitslose, sondern es ist insgesamt sozialer als ein Land mit hoher Arbeitslosigkeit und noch so hohen Arbeitslosengeldern. Ob das eine oder das andere Wirklichkeit wird, hängt aber vor allem mit dem wirtschaftlichen Wachstum des betreffenden Landes zusammen, noch genauer mit seiner Fähigkeit zum Wachstum.

Für die Lohnpolitik, konkret die Höhe der Löhne, gilt dasselbe. Gewiß beengen zu hohe Lohnlasten die Unternehmen in ihrer Investitions- und damit Innovationsfähigkeit und führen deshalb in der Regel zur Streichung von Arbeitsplätzen, d. h. zur Ersetzung menschlicher Arbeitskraft durch Technik (bzw. »Kapital«). Darüber darf aber nicht vergessen werden, welch große und stabilisierende Leistungen die deutschen Sozialpartner in der Vergangenheit durch ihre besonnene, aber doch auch großzügige Lohnpolitik erbracht haben. Schließlich war Ludwig Erhards Wort vom Wohlstand für alle kein bloßes Gerede, sondern für lange Jahre realer Maßstab der Lohnpolitik.

Man kann daraus auch für die gegenwärtige Situation Deutschlands etwas lernen. Daß eine großzügige Lohnpolitik zu verbreitetem Wohlstand führt und damit die sozialste Form von sozialer Marktwirtschaft ist, haben wir soeben gesehen. Unbestreitbar ist aber auch, daß der Staat selbst diesen Wohlstand wieder zunichte machen kann, und der Grund dafür liegt in der immer stärker werdenden Diskrepanz zwischen Brutto- und Nettolöhnen. Den einzelnen Unternehmer treffen zu hohe Bruttolöhne oft ins Mark, berauben ihn jeglicher Innovationsfähigkeit. Der Arbeitnehmer aber erhält nur den Nettolohn, d. h. den Bruttolohn, vermindert um Steuern und Sozialbeiträge. Der Wohlstand des Arbeitnehmers wird infolgedessen bei weitem nicht in dem Maße vergrößert, in dem die Bewegungsfreiheit und Investitionsfähigkeit seines Arbeitgebers und damit die Innovationsfähigkeit der Gesamtwirtschaft schrumpfen, ja dieser Effekt wird wegen ständig steigender Beitragssätze und nicht zuletzt wegen des progressiven Lohnsteuertarifs von Jahr zu Jahr auch noch schlimmer; jede Lohnerhöhung ist nüchtern betrachtet zugleich eine Steuer- und Beitragserhöhung. Jedermann wird einsehen, daß dieses Problem in Zeiten wirtschaftlicher Stagnation und ohnehin total überlasteter Staatshaushalte nicht von heute auf morgen zu lösen ist. Trotzdem verlangt es nach einer grundsätzlichen Lösung!

Der Weg, auf dem diese Lösung zu erreichen ist, mag zwar als teuer erscheinen, dürfte sich aber zum Teil selbst finanzieren. Man müßte in Zeiten wie diesen die Sozialbeiträge des Arbeitnehmers allmählich nach unten drücken (was ja schon versucht wird, bisher allerdings mit geringem Erfolg), und man müßte dasselbe, wenigstens für eine Übergangszeit, mit der Lohnsteuer tun (was gleichbedeutend mit einer Deckelung der Lohnsteuerprogression wäre). Wenn man bedenkt, welche Entlastung das erstens für den einzelnen Arbeitnehmer, zweitens aber auch für seinen Arbeitgeber bedeuten könnte und welche Investitionen diesem dadurch möglich würden, so kann man durchaus auf eine – wenigstens teilweise – Selbstfinanzierung dieses Vorgehens hoffen. Außerdem würde auf diese Weise die Schäbigkeit etwas reduziert, die darin liegt, daß unser Staat seit Jahrzehnten auch an jenen schleichenden Lohnsteuererhöhungen verdient, mit denen nur der übliche Währungsverfall ausgeglichen werden soll.

In allerjüngster Zeit wird in der politischen Debatte zu alldem die Frage diskutiert, ob es nicht in erfolgreichen, gut verdienenden Unternehmen zur Zahlung höherer als der üblichen Löhne kommen sollte. Daß gut verdienende Unternehmen ihren Mitarbeitern auch bessere Löhne zahlen sollten als stagnierende, muß jedem einleuchten, der nicht von unserem Tarifvertragssystem total in Bann geschlagen ist. Erstens würde dadurch die Beteiligung von Kapital und Arbeit am Ertrag vom bloßen Schlagwort zur sozialen Realität, zweitens käme das Leistungsprinzip auch im Verhältnis zwischen erfolgreichen und weniger erfolgreichen Belegschaften zum Zug, und drittens könnte auf diese Weise auch wieder so etwas wie Stolz auf das eigene Unternehmen und die Anstellung bei ihm entstehen. Der entsprechende Vorschlag, der ursprünglich vom SPD-Vorsitzenden Franz Müntefering ausging, ist also goldrichtig.

Er hat nur einen einzigen, dafür aber riesengroßen Haken. Die Bezahlung der Arbeitnehmer nach dem jeweiligen wirtschaftlichen Erfolg ihres Unternehmens wird sich im bisherigen Tarifvertragssystem, das nicht auf das einzelne Unternehmen, sondern auf die ganze Branche abstellt, wohl kaum verwirklichen lassen (Stichwort: Flächentarifvertrag); an dem aber halten die Gewerkschaftsbürokratien eisern fest, weil sie sonst die Abwanderung ihres Einflusses zu den Betriebsräten befürchten müßten. Es wird sich noch herausstellen müssen, ob der Urheber des Vorschlags diesen Zusammenhang nicht gesehen hat (was höchst unwahrscheinlich ist) oder ob er mit seiner arbeitnehmerfreundlichen Formulierung nur den Boden für eine allmähliche Abwendung vom starren System der Flächentarifverträge bereiten wollte.

Übrigens kann man in diesem Zusammenhang noch etwas anderes über die Kurzatmigkeit politischer Argumentation lernen, die in unserem Lande eingerissen ist. Die Diskussion um die Vorverlegung der für 2005 geplanten »Einkommensteuerreform« auf das Jahr 2004 zeigte das ganz deutlich. Man hätte diese Maßnahme mit allen möglichen guten Argumenten begründen können, vor allem mit der Entlastung des ohnehin vom Fiskus schwer geschröpften Bürgers und mit der Notwendigkeit, die viel zu hohe Staatsquote wenigstens etwas zu reduzieren – was gleichzeitig etwas mehr Spielraum für die Wirtschaft bedeutet hätte. Aber was geschah wirklich? Man argumentierte damit, daß der Bürger dann etwas mehr Geld in der Tasche hätte und so zur Ankurbelung der Wirtschaft beitragen könne, und die Gegner der Vorverlegung setzten dann der Sache noch das Sahnehäubchen auf: Der Effekt werde verpuffen, weil der Bürger augenblicklich lieber sparen werde. Das wirft Fragen auf: Geldausgeben als moralische Bürgerpflicht? Und das bei einem Volumen von ganzen 18 Milliarden? Bei einem Bruttoinlandsprodukt von zwei Billionen? Man kann falscher schwerlich denken.

Konzerne und Massenverbände

Die Veränderungen, die es seit der Entstehung der marktwirtschaftlichen Doktrin in der inneren Struktur der westlichen Wirtschaften gegeben hat, sind in diesem Buche bisher nur unvollständig behandelt worden. Bisher haben sich unsere Überlegungen auf solche Veränderungen beschränkt, die sich auf die einzelnen Wirtschaftssubjekte, ihr Wissen, Können und ihren Einfluß auf das Marktgeschehen beziehen. Wie schon ausgeführt, müssen die frühesten Theoretiker der Marktwirtschaft von der Existenz unendlich vieler kleiner und annähernd gleich starker Marktteilnehmer ausgegangen sein, und wenn sich das grundlegend ändert, besteht die manifeste Gefahr, daß das Marktmodell von einem Modell der Freiheit zu einem Modell der Beherrschung der Kleinen durch die Großen wird.

Die Konsequenzen, die der Staat daraus zog, haben wir, zumindest in Umrissen, bereits dargestellt. Wichtiger sind jedoch die Konsequenzen, die die Beteiligten selbst gezogen haben.

Die wichtigste Ursache für die Entstehung ungleicher Marktmacht resultierte daraus, daß die Unternehmen, die Arbeit anzubieten hatten, im Zuge der Industrialisierung immer größer und damit immer mächtiger wurden, während auf der anderen Seite die Arbeiter durch immer neuen Zuzug aus ländlichen Gebieten und durch permanente Geburtenüberschüsse immer abhängiger wurden. Nach den Regeln der reinen Marktwirtschaft konnte das nur zu einem verbreiteten Arbeiterelend führen. Es entstand die soziale Frage des 19. Jahrhunderts, die trotz des Gesindeproblems, das es auch in der Landwirtschaft gab, im Kern eine Arbeiterfrage war und auch in der politischen Öffentlichkeit meist nur so wahrgenommen wurde.

Die Arbeiterschaft antwortete darauf, wenn auch mit beträchtlicher Verzögerung, mit der Gründung von Gewerkschaften. Es ist sehr leicht zu verstehen, was da ordnungspolitisch geschehen ist: Die Arbeiter reagierten auf die zunehmende Konzentration der Unternehmerseite mit ihrer eigenen, nicht weniger nachdrücklichen Konzentration. Damit bewegten sie sich durchaus im Marktmodell: Die Gründung der Gewerkschaften führte nämlich dazu, daß sich wieder annähernd gleiche Kräfte gegenüberstanden, zumindest auf dem Arbeitsmarkt. Nur die Zahl der Mitspieler hatte sich entscheidend verringert, zunächst durch die Konzentrationsbewegungen auf seiten der Unternehmer, nunmehr durch die Syndikalisierung der Arbeiterschaft.

So logisch diese Entwicklung war, führte sie doch zu einer wesentlichen Modifikation des vorherrschenden Marktmodells.

Wir haben es, zumindest auf dem Arbeitsmarkt, heute nicht mehr mit einem aus Individuen bestehenden Kräfteparallelogramm zu tun, sondern mit einem Kräfteparallelogramm aus größeren bis großen Unternehmen und aus Massenverbänden. Ähnliche Kompensationserscheinungen gibt es übrigens auch außerhalb des Arbeitsmarktes, auf Märkten, auf denen sich, in welcher Formation auch immer, große und kleine Unternehmen gegenüberstehen. Man erinnere sich nur an die gar nicht so seltenen Arbeitsgemeinschaften kleinerer Unternehmen zur Erfüllung von großen Aufträgen. Die Genossenschaften, die auch heute noch ihre Rolle im Wirtschaftsleben spielen, sind ein anderes Beispiel dafür. Bei hochspezialisierten Arbeitnehmern wie leitenden Angestellten, Fluglotsen, Piloten usw. scheint sich gegenwärtig Ähnliches herauszubilden, dieses Mal wieder auf der Arbeitnehmerseite.

Man könnte es bei dieser Entwicklung durchaus belassen, wenn die Akteure, die sich nunmehr auf den Märkten begegnen, auch in Zukunft etwa gleich stark blieben. In den gewohnten Bereichen mag das durchaus der Fall sein, zumal der Sinn für Macht und Gegenmacht in den westlichen Gesellschaften so verbreitet ist, daß hier auf jede wesentliche Veränderung ziemlich rasch die Reaktion erfolgen dürfte. Fraglich ist aber, welche Folgen die weltweiten, gigantischen Konzentrationsbewegungen haben werden, die augenblicklich auf fast allen Märkten stattfinden.

Durch eine weltweite Kartell- und Fusionskontrolle ließen sich diese Folgen sicher in Grenzen halten. Aber wenn es auch wahrscheinlich ist, daß man sich um die Einführung solcher Kontrollen relativ rasch bemühen wird, so ist es doch auch eine Tatsache, daß es sie gegenwärtig noch nicht gibt und daß das, zumindest in vielen Bereichen, auch noch eine Weile so bleiben wird. Wahrscheinlich erzeugt die Globalisierung, die ja die eigentliche Ursache dieser Konzentrationsbewegungen ist, aber selbst Gegenkräfte, die zumindest für eine Übergangszeit wirksam sind. Trotz der weltweiten Fusionen wird nämlich die Zahl der Akteure, die sich auf den verschiedenen Weltmärkten tummeln, auf geraume Zeit wohl größer sein als die Zahl jener Akteure, die bisher auf den diversen nationalen bzw. kontinentalen Märkten miteinander konkurriert haben. Die Wettbewerbssituation insgesamt mag sich also trotz der Konzentrationsprozesse für den Augenblick und die nähere Zukunft sogar verbessert haben.

Das Problem ist ein ganz anderes: Großunternehmen, auch wenn sie in einem harten weltweiten Konkurrenzkampf stehen, kann man nicht ohne weiteres jene Kreativität und Flexibilität zutrauen, die, wie gezeigt, eine fundamentale Bedingung dafür sind, daß die Marktwirtschaft zu mehr Entwicklung und Fortschritt, d.h. aber im Endeffekt zu mehr Wohlstand führt. Man kann es nicht dick genug unterstreichen: Verbürokratisierung ist nicht nur der fundamentale Fehler des Staates und anderer öffentlicher Institutionen, sondern sie ist der Fehler aller großen Organisationen.

Das kann, wie wir an anderer Stelle schon gezeigt haben, zu Fehlentscheidungen im Gesamtsystem führen, und zwar mit größerer Wahrscheinlichkeit, als das bei einem Markt von ausschließlich kleinen Unternehmen der Fall wäre. Die Gefahr ist zwar nicht sehr groß, aber doch absolut realistisch. Soweit hier die Kräfte des Marktes nicht mehr helfen, ist die Korrektur solcher Fehlentwicklungen eine Aufgabe des Staates, der in diesem Fall in ziemlich heftige Auseinandersetzungen mit den fraglichen Unternehmen geraten kann.

Schon deshalb ist die Korrektur durch die Marktkräfte der staatlichen Intervention bei weitem vorzuziehen. Für die Marktwirtschaft ist es daher lebensentscheidend, daß in den Nischen zwischen den großen Unternehmen immer wieder kleine Neulinge heranwachsen, die neue Möglichkeiten und Chancen entdecken, für sich ausnutzen und damit Wirtschaft wie Gesellschaft vorantreiben. Es mag durchaus sein, daß sie später, wenn sie reüssiert haben, von den Großen aufgekauft werden. Aber darauf kommt es nicht an, zumindest so lange nicht, wie es dem Aufkäufer nicht darum geht, eine zukunftsweisende Idee einfach zu unterdrücken. Hauptsache ist, daß sich solche Ideen weiter durchsetzen – so oder so.

Zumindest auf der nationalen Bühne gibt es dafür ein Schlagwort: aktive Mittelstandspolitik. Die Vorschläge dafür liegen in Deutschland längst auf dem Tisch und sollen hier nicht wiederholt werden – man braucht sie lediglich zu verwirklichen. Aber die drei Gründe, die für einen starken Mittelstand im System der sozialen Marktwirtschaft sprechen, sollen hier doch wiederholt werden:

1. Die bessere Verteilung unternehmerischer Dispositionsfreiheit, also eine Art innerwirtschaftlicher Gewaltenteilung;
2. die gesellschaftsstabilisierende Wirkung, die erfahrungsgemäß von jedem Mittelstand ausgeht;
3. die Aufrechterhaltung jener Flexibilität und Kreativität, ohne die auf die Dauer weder die Marktwirtschaft noch die offene Gesellschaft sehr viel wert sind.

Aus allen diesen Gründen handelt es sich bei der Mittelstandspolitik um einen absolut zentralen Merkposten, der jeder Regierung und jedem Parlament dicker ins Stammbuch zu schreiben ist als die angelegentlichste Pflege von Konzernen, weil es hier stets auch um die Flexibilität des wirtschaftlichen und politischen Gesamtsystems geht.

Übrigens hat sich auch das deutsche Tarifvertragssystem bei allen unbestreitbaren Verdiensten in den letzten Jahren zu einer Barriere gegen dringend nötige Reformen entwickelt, die man nur als bürokratieähnlich bezeichnen kann.

Über die Gründe für diese ungemein gefährliche Entwicklung sollte man einmal nachdenken; denn letzten Endes geht es auch hier um die Fähigkeit unserer Wirtschaft zur flexiblen Reaktion auf die Veränderungen, die sich einerseits aus unseren internen Problemen, insbesondere der demographischen Entwicklung, andererseits aus der wachsenden ausländischen Konkurrenz ergeben.

Daß ein Normensystem, das auf Verträgen und nicht auf einseitigen Entscheidungen aufbaut, nur von bedingter Flexibilität sein kann, versteht sich fast von selbst, ist aber nicht zu ändern, wenn man nicht auf die befriedende und stabilisierende Wirkung des Systems ebenfalls verzichten will. Wichtiger ist schon, daß sich auf beiden Seiten ziemlich fest gefügte Bürokratien gegenüberstehen, und zwar solche, die tatsächlich auch alle Eigenschaften echter Bürokratien vorzuweisen haben: eine oft übertriebene Vorsicht in Sachfragen – das ABCD-Syndrom, auf das wir später zu sprechen kommen –, die Starre, die jeder Bürokratie automatisch anhaftet, und die Lust, alles und jedes zu reglementieren und zu normieren. Im Verhältnis zwischen Unternehmern und Gewerkschaften kommt schließlich noch die Neigung zu ausgesprochen doktrinärem Denken hinzu – auf der einen Seite eine Art Herr-im-Haus-Standpunkt, auf der anderen klassenkämpferische Allüren, die aus der Geschichte der Gewerkschaftsbewegung ohne weiteres zu erklären, heute aber doch ziemlich weit hergeholt sind.

Auch praktische Erfahrungen speisen schließlich kritische Anfragen an das System. So wird z. B. den Arbeitgeberverbänden vorgehalten, sie hätten eher die Interessen großer als die mittelständischer Unternehmen im Auge (wozu sie möglicherweise auch von Gewerkschaftsseite gedrängt werden). Die Gewerkschaften selbst aber kommen aus einer langen Periode der Vollbeschäftigung oder Fast-Vollbeschäftigung, die ihre Verhandlungspositionen von Jahr zu Jahr nachhaltig unterstützt hat, während die gegenwärtigen Zeiten der Massenarbeitslosigkeit und der Notwendigkeit geringerer Lohnabschlüsse für sie nicht nur intern, gegenüber ihren Mitgliedern, schwerer zu verkraften, sondern wohl auch schwerer zu begreifen sind. Soll die deutsche Wirtschaft so flexibel werden, wie das in ihrer dynamisierten Umwelt notwendig ist, werden auf beiden Seiten noch erhebliche Lockerungsübungen anzumahnen sein. Der Streit um den Flächentarifvertrag ist nur ein Beispiel für das, worum es hier geht.

Übrigens ist nunmehr auch eine Zwischenbilanz in der Frage möglich, ob die Marktwirtschaft, die die westlichen Gesellschaften so groß gemacht hat, in Zukunft noch als soziale Marktwirtschaft geführt werden soll oder ob es, gerade auch unter dem Einfluß der weltweiten Globalisierung, nicht unumgänglich ist, zur »reinen«, sozial nicht gebundenen Marktwirtschaft zurückzukehren (was gleichbedeutend mit der hermetischen Abschottung der Bereiche Staat und Wirtschaft wäre).

Die vorstehenden Abschnitte haben gezeigt, wie eng Staat und Wirtschaft heute faktisch miteinander verflochten sind. »Reine« Marktwirtschaft würde bedeuten, daß alle ökonomisch relevanten Tätigkeiten des Staates aufgegeben werden müßten. Daß das schlechthin nicht möglich ist, wird auch dem überzeugtesten Jünger marktwirtschaftlicher Theorien verständlich sein. Entscheidend ist aber, daß es schon aus Vernunftgründen niemandem gleichgültig sein kann, wie sich die sozialen Verhältnisse im engeren Sinne auf die Dauer entwickeln. Massenarbeitslosigkeit und erst recht Massenarmut mögen zwar die Konkurrenzfähigkeit Deutschlands und Europas auf den Weltmärkten stärken, die westlichen Gesellschaftssysteme werden durch sie in ihrem Inneren jedoch entscheidend geschwächt. Ob es für die westlichen Gesellschaften aber erstrebenswert ist, in der Welt den Koloß auf tönernen Füßen zu spielen, mag jeder mit sich selbst abmachen; hier zumindest wird daran festgehalten, daß beides notwendig ist: äußere Konkurrenzfähigkeit und innere Stabilität. Die soziale Marktwirtschaft, so wie sie im Augenblick besteht, bedarf gewiß erheblicher Korrekturen. Aufgegeben werden darf sie aber nicht. Der Staat der vergangenen Jahrzehnte hat seine Interventionen in die Wirtschaft mit Sicherheit übertrieben. Ohne ihn wird das System aber auch in Zukunft nicht restlos auskommen.

Sogleich erhebt sich jedoch das große Aber: Es gibt drei Fragen, mit denen der moderne Staat unter diesen Umständen fertig werden muß (und zu denen wir in den folgenden Kapiteln Stellung nehmen müssen):

1. Wieweit hat der Staat in die freie Wirtschaft – und darüber hinaus in die freie Gesellschaft – gestaltend und korrigierend einzugreifen? Mit anderen Worten: Was sind heute Staatsaufgaben?

2. Wie kommt er als demokratischer Staat gegen die ebenfalls weitgehend demokratisierte Gesellschaft auf? Dazu nur ein Beispiel: Wird ihn der Arbeitslose, der Sozialhilfeempfänger, der Beamte, der Handwerker, dessen Status durch Gesetz verschlechtert oder auch nur neu geordnet werden soll, an der Wahlurne dazu ermächtigen?
3. Schließlich die in diesem Buch immer wiederkehrende Frage: Wird der Staat beweglich genug sein, um auf alle in der Welt auftretenden gesellschaftspolitischen Fragen für Deutschland rechtzeitig halbwegs richtige Antworten zu geben?

V.

Staat oder Gesellschaft?

Wer die Palette der Aufgaben, die der moderne deutsche Staat wahrnimmt, nur mit etwas Distanz betrachtet, in dem verfestigt sich der Eindruck, daß diese Palette jede Grenze und Kontur verloren hat – was aber notwendig wäre, um diesen Staat für seinen Bürger noch halbwegs begreiflich und für die Bewältigung seiner Probleme halbwegs handlungsfähig zu machen. Der Staat von heute macht zuviel, er läßt sich für zu viele Aufgaben gebrauchen, ja mißbrauchen, und er droht daher jegliche Verständlichkeit und Beweglichkeit einzubüßen.

Schon das wäre ein Alarmzeichen ersten Ranges. Aber das Schlimmste kommt erst noch. Der heutige Staat hat immer mehr auch Aufgaben geschultert, die sich bei nüchterner Betrachtung entweder überhaupt nicht mehr oder doch nur bruchstückhaft lösen lassen. Das wiederum hat zur Folge, daß ihn seine Bürger weitgehend als erfolglosen Staat erleben, hinter dem zu stehen und für den zu arbeiten sich nicht mehr lohnt. Nichts belegt diesen Eindruck deutlicher als die hundertfach gemachte Erfahrung, daß selbst sehr vernünftige Menschen in relativ kurzen Gesprächen sagen, es gebe in unserem Land »zuviel Staat«, und gleichzeitig, es gebe »zuwenig Staat«.

Das fordert die Frage heraus, welche Mechanismen es waren, die in den vergangenen Jahrzehnten zu immer weiterer Verdichtung und Vertiefung des staatlichen Aufgabentableaus geführt haben. Erst wenn man diese Mechanismen begriffen hat, kann man sich auch ein annähernd realistisches Urteil darüber bilden, ob und wie hier Korrekturen angebracht werden können.

Der Kern des Problems liegt in der ständigen Vorverlagerung jener Punkte, an denen staatliche Interventionen in gesellschaftliche Sachverhalte ansetzen. Das läßt sich an fast allen Aufgabenbereichen des modernen Staates beobachten. Besonders plastisch wird es aber in der Sozialpolitik, die deshalb als Beispiel etwas näher untersucht werden soll.

Die Sozialpolitik hat es kurz gesagt mit der Bekämpfung der negativen Folgen menschlicher Armut zu tun oder, anders ausgedrückt, damit, dem Menschen mindestens ein materielles Existenzminimum zu sichern. In der Geschichte ist das auch immer wieder versucht worden. Allerdings sind die meisten dieser Versuche jahrtausendelang fast nur darauf hinausgelaufen, daß man dem Armen das, was man für sein Existenzminimum hielt, einfach aushändigte, beispielsweise in Form eines Obdachlosenasyls und der dort verabreichten Armensuppe oder in Form kleiner, mitunter sogar regelmäßiger Geldgeschenke. Denkt man ganz nüchtern, so stellt man fest, daß auf diesem Prinzip noch heute die Sozialhilfe beruht, obwohl natürlich die Vorstellungen von dem, was Existenzminimum heißt, sich entscheidend verändert haben. Wenn es nur um die Sozialhilfe geht, interveniert der moderne Staat aber wie in den ältesten Zeiten erst, wenn der Armutsfall schon eingetreten ist, das Kind also bereits im Brunnen liegt.

Ganz anders verhält es sich schon bei der Sozialversicherung, die seit mehr als einem Jahrhundert neben dem System der öffentlichen Fürsorge bzw. der Sozialhilfe steht. Die Sozialversicherung nimmt die wichtigsten Gründe für private Armut ins Visier, also das Alter, die Invalidität, den Tod des Ernährers und die Arbeitslosigkeit, nimmt sie grundsätzlich auch als gegeben hin, versucht sie aber so weit wie möglich ihrer Folge, eben der Armut, zu entkleiden. Auch der Alte, Kranke, Hinterbliebene oder Arbeitslose soll allein wegen dieses Schicksals nicht mehr verarmen.

Innerhalb der Kausalitätskette, die zum »Störungsfall Armut«

führt, wird der Punkt, an dem der Staat eingreift, also gewissermaßen vorverlegt. Und diese Methode wird – nicht lückenlos, aber doch weitgehend – auch noch weiter praktiziert, denn noch besser ist es natürlich, schon den Versicherungsfall nicht eintreten zu lassen, beispielsweise durch medizinische Vorsorge für Gesunde gegenüber der Krankheit, durch medizinische Betreuung Kranker gegenüber einem zu frühen Tod, durch Arbeitsschutzgesetze und Unfallverhütungsvorschriften gegenüber Unfällen, durch eine »aktive Arbeitsmarktpolitik« gegenüber Arbeitslosigkeit usw. Schon diese wenigen Beispiele zeigen aber auch, worauf das Ganze hinausläuft. Jede Vorverlegung des staatlichen Interventionspunktes ist für sich gesehen sinnvoll, führt aber zu völlig neuen Interventionsfeldern und damit auch zu völlig neuen Staatsaufgaben, und je weiter man das Spiel treibt, desto breiter, ja konturloser werden diese. Bildlich gesprochen laufen sie am Ende ineinander wie die Eier in der Bratpfanne und vereinigen sich schließlich zu einem einzigen großen Omelette, das man am besten als die Gesamtverantwortung des Staates für die Erhaltung und den Ausbau des allgemeinen gesellschaftlichen Wohlbefindens bezeichnen könnte. Wenn die Finanzwissenschaft von einem Gesetz der wachsenden Staatsausgaben spricht, so hat dieses letztlich hier seinen Ursprung. Ihm liegt aber ein Gesetz der wachsenden Staatsaufgaben zugrunde, noch genauer ein Gesetz der wachsenden Gründlichkeit des Staates bei der Umschreibung und Erfüllung seiner Aufgaben.

Die Konturen eines solchen Staates verschwimmen zusehends, er wird abstrakt und unverständlich und, was das Schlimmste ist, immer weniger Menschen erhalten sich das Gefühl dafür, was er für sie leistet und weshalb sie für ihn eigentlich eintreten sollten. Das wäre aber gerade heute besonders wichtig, weil einerseits der moderne Staat ein demokratischer Rechtsstaat ist, der von der freiwilligen Loyalität, ja Mitarbeit seiner Bürger besonders abhängt, und weil zweitens die Menschen von heute davon überzeugt sind, daß alles, was ihnen an Unvermögen und Ungemach begegnet, nicht von Gott oder irgendeinem abstrakten Schicksal, sondern von Menschen verursacht ist, von Menschen daher auch jederzeit verhindert oder wenigstens behoben werden kann und daß der Staat genau zu diesem Zweck da ist. Der Schluß, den sie daraus ziehen, ist klar: Alles ist machbar – und machen muß es der Staat.

Aber diese Erwartung stößt, je mehr Zeit ins Land geht, immer deutlicher auf Grenzen:

1. Die Ansprüche gegen den Staat, die aus der ganzen Entwicklung entspringen, stoßen zunehmend auf Grenzen der Finanzierbarkeit. Das Sozialprodukt kann, wie man inzwischen erfahren hat, auch in Deutschland nicht beliebig erhöht werden, und das gleiche gilt für die sogenannte Staatsquote, d. h. für jenen Teil des Sozialprodukts, der durch die öffentliche Hand umverteilt oder zumindest umgesteuert wird.

2. Gelöste Probleme bescheren heute nicht mehr den Erfolg an sich, sondern sie sind stets auch mit bitteren Pillen durchsetzt. Sie erzeugen nämlich mehr und mehr auch unerwünschte Nebenwirkungen. Zu Beginn dieses Buches haben wir einige Beispiele dafür aufgeführt, das soll hier nicht wiederholt werden.

3. Die Erfolgschancen auch staatlicher Maßnahmen sinken, je höher die Ziele gesteckt werden, und dementsprechend sinkt auch die Aussicht des Staates, mit seiner Politik überhaupt noch halbwegs erfolgreich zu sein. Um das zu verstehen, braucht man nur einen Blick auf so unterschiedliche Felder wie den Straßenbau und die Gesundheitspolitik zu werfen. Der ganze Straßen- und Autobahnbau der letzten Jahrzehnte war sehr notwendig und verdienstvoll, aber er hat mit dem Anstieg der Kfz-Zulassungen bestenfalls Schritt gehalten, die Überfüllung des Straßennetzes also nicht behoben. Und: Eine Organtransplantation, also eine Spitzenleistung der modernen Medizin, hat naturgemäß weniger Aussicht auf Erfolg als eine Standardleistung, etwa eine Blinddarmoperation. Trotzdem ist der Patient enttäuscht, wenn sie erfolglos bleibt, schimpft auf den Staat und strengt oft sogar noch einen Haftungsprozeß an.

Schon diese wenigen Beispiele zeigen, worin die Grundproblematik besteht. Mehr und mehr erleben unsere Mitbürger den Staat als einen erfolglosen, zumindest als einen nur noch sehr bedingt erfolgreichen Staat, einerseits weil sie sich an seine Leistungen so gewöhnt haben, daß sie sie überhaupt nicht mehr zur Kenntnis nehmen, andererseits aber weil er ihren Erwartungen beim besten Willen nicht mehr völlig gerecht werden kann. Das führt zu Enttäuschungen, die zwangsläufig in beträchtliche Autoritäts- und Loyalitätsverluste übergehen können, und je größer die Enttäuschungen werden, desto klarer stellt sich heraus, daß der moderne Staat wirklich ein überforderter Staat geworden ist, von dem allmählich niemand mehr ein Stück Brot nimmt.

Theoretische Ansätze

Damit stehen wir vor der entscheidenden Frage freiheitlicher Gesellschaftsordnungen: Wenn in ihnen schon zwei Größen gleichberechtigt nebeneinanderstehen – nämlich Staat und Gesellschaft –, welche von beiden soll dann eigentlich welche Aufgaben wahrnehmen? Oder, da die Gesellschaft ja wohl das Primäre ist: Was sind wirklich die Aufgaben des Staates in einer freien, offenen Gesellschaft? (Und wohlgemerkt: Was dann für den Staat gilt, muß ebenso im europäischen Rahmen für die Europäische Union gelten!)

In den Staaten des Mittelalters und der frühen Neuzeit gab es dafür keine festen Regeln. Gewiß übernahm der Staat damals eine der bis heute unbestrittenen Aufgaben, nämlich die Verteidigung nach außen. Aber erstens konnte man dabei nie ganz sicher sein, ob es dem einzelnen Monarchen nicht eher um die Erweiterung seines Territoriums als um die Verteidigung seiner Untertanen ging, und zweitens war das bei anderen Aufgabengebieten sehr ähnlich: bei der Justiz beispielsweise, die oft genug auch ihrem Herrn in die Taschen gearbeitet haben wird, bei den Verbesserungen der Anbauflächen, die natürlich auch die Steuerbasis verbesserten usw.

Grundsätzlichere Bemühungen um die Bestimmung der Staatsaufgaben hat erst die liberale Theorie des 18. und 19. Jahrhunderts geliefert. Sie hat dem Staat vor allem die Erhaltung des gesellschaftlichen, vom Bürgertum getragenen Systems zur Aufgabe gemacht, also die Abwehr von Gefahren, und zwar unabhängig davon, ob solche Gefahren von außen (also von Feinden) oder von innen (also von Rechtsbrechern, Kriminellen u. a.) kamen. Konkret bedeutete das etwa folgende Staatsaufgaben: Außenpolitik, Verteidigungspolitik, Strafjustiz und Polizei.

Außerdem sollte der Staat nach Meinung vieler Autoren über die Einhaltung jener Regeln wachen, die für das Zusammenleben der Menschen, insbesondere auch für ihre wirtschaftlichen Aktivitäten galten (und die bis dahin nur ausnahmsweise vom Staat selbst erlassen wurden). Zunächst bedeutete das die Zivilgerichtsbarkeit und eine Art Gewerbeaufsicht. Später kamen noch Aufgaben wie Kartellaufsicht und noch später Fusionskontrolle hinzu. Und seit dem Ende des 19. Jahrhunderts, in Deutschland besonders seit der Bismarckschen Sozialgesetzgebung, übernahm der Staat zunehmend auch noch soziale Aufgaben, vor allem durch die Herausbildung des heutigen Arbeitsrechts und durch die Sozialversicherung.

Man muß bei alldem natürlich auch die andere Seite der Medaille sehen, also die Zuständigkeiten, die bei solchen Rechnungen für die gesellschaftliche Selbstorganisation blieben. Hier lautete die gängigste Formel, die das 19. Jahrhundert hervorbrachte: Nach dem Prinzip gesellschaftlicher Selbstverantwortung entwickeln sich vor allem Wirtschaft und Kultur. Aber auch das stimmte naturgemäß nicht ganz. Zu allen Zeiten gab es nämlich staatliche Regiebetriebe wie Domänen, Manufakturen, Brauereien, und ebenso gab es, durchaus positiv zu sehen, auch ein ausgedehntes staatliches Mäzenatentum gegenüber der Kunst.

In dem Maße, in dem staatliche Politik sich für halbwegs gerechte Geschehensabläufe in der Wirtschaft und für das Wohlergehen der Bürger interessierte, begannen alle diese Grenzziehungen noch viel durchlässiger zu werden. Sagen wir es offen: In den vergangenen 100 Jahren ist ein keineswegs homogenes, oft sogar wirres Geflecht staatlicher Übergriffe in die Gesellschaft, besonders in die Wirtschaft, entstanden, und selbst diese Übergriffe entziehen sich einer halbwegs einleuchtenden Systematisierung. Es gibt Bereiche, in denen sich der Staat auf eine rein regulierende Gesetzgebung beschränkt, und solche, in denen er mit der lenkenden Wirkung von Steuervergünstigungen und Subventionsangeboten arbeitet. Es gibt Bereiche, aus denen er sich fast ganz heraushält, und solche, in denen er nach wie vor eigene Regiebetriebe für sich arbeiten läßt. Andere hat er völlig bei sich monopolisiert, in wieder anderen stellt er nur infrastrukturelle Hilfe zur Verfügung, und die Liste ist damit keineswegs schon vollständig.

Der Schluß, der aus alldem zu ziehen ist, ist ebenso einfach wie dramatisch: Wir haben im Augenblick keine auch nur halbwegs klare Antwort auf die Frage, auf welchen Gebieten und in welcher Form sich der Staat in die Probleme von Wirtschaft und Gesellschaft einmischen darf. Obwohl eine solche Antwort dringend nötig wäre!

Selbstverständlich haben sich Politiker und Wissenschaftler immer wieder mit dieser Frage beschäftigt. Sehr viel herausgekommen ist dabei allerdings nicht. Nicht einmal der wichtigste Versuch, der von der katholischen Soziallehre unternommen wurde und zur Formulierung des sogenannten Subsidiaritätsprinzips führte, war in diesem Zusammenhang wirklich erfolgreich. Gewiß ist es richtig, daß die größere Gemeinschaft stets nur die Aufgaben wahrnehmen sollte, die nicht von einer kleineren genauso gut oder noch besser erfüllt werden können. Aber abgesehen davon, daß damit nicht geklärt ist, wann die Erfüllung einer Aufgabe »besser« oder »schlechter« gelingt, fehlt es beim demokratischen Staat in seinem Verhältnis zur Gesellschaft an der wichtigsten Voraussetzung für die Anwendung des Subsidiaritätsprinzips: Staat und Gesellschaft haben die gleichen Mitglieder, sind also gleich groß. Das Subsidiaritätsprinzip, mit Sicherheit eines der zentralsten Prinzipien der ganzen öffentlichen Organisation, paßt also gerade hier nicht.

Das Ergebnis aller dieser Überlegungen ist wenig befriedigend. Einerseits haben wir festgestellt, daß es heute fast keinen Bereich mehr gibt, in dem sich der Staat nicht auch betätigt, und daraus kann man in einem offenen, freiheitlichen Gemeinwesen nur den allgemeinen Schluß ziehen, daß die Reduzierung der staatlichen Aktivitäten (und damit des staatlichen Aufgabenbuketts) dringend notwendig ist. Andererseits gibt es für diese Aufgabenreduzierung jedoch kaum überzeugende theoretische Richtlinien.

Klar ist nur eines: Die gelegentlich zu hörende Idee, der Staat solle sich – nach uralter liberaler Lehre – auf die Gefahrenabwehr nach innen und außen, d.h. auf die Gewährleistung der öffentlichen Sicherheit zurückziehen (und damit jede Sozialpolitik aus der Liste seiner Aufgaben streichen), ist kein geeignetes Mittel. Weder haben die europäischen Staaten in der Vergangenheit so gehandelt, noch tun das die USA, denen das gern unterstellt wird, in Wirklichkeit. Sowohl ethische Argumente der Gerechtigkeit als auch praktische Argumente der politischen Stabilität sprechen entscheidend gegen solche Tagträume. Die Frage ist also nicht, wie, sondern in welchem Ausmaß eine staatliche Sozialpolitik künftig noch möglich und wünschenswert ist.

Die Staatsquote und die Staatsaufgaben

Es gibt ein Grobraster, das in unserer Frage wenigstens ein Stückchen weiterführt. Das ist die Regel, daß der Teil des Sozialprodukts, der durch staatliche Maßnahmen abgeschöpft und umverteilt wird (der also durch öffentliche Kassen läuft), 40 Prozent des gesamten Sozialprodukts nicht übersteigen sollte. Man mag darüber streiten, ob die üblichen Berechnungen des Sozialprodukts nicht noch verbessert werden könnten, und man mag ferner darüber räsonieren, ob die Zahl 40 hier wirklich der Weisheit letzter Schluß ist, ob es z.B. nicht sachgemäßer wäre, von 39, 41 oder 43 Prozent auszugehen. Jedenfalls haben wir es hier mit der einzigen Regel zu tun, die das Verhältnis zwischen Staat und Gesellschaft, vor allem aber zwischen Staat und Wirtschaft, halbwegs wieder ins Lot zu bringen vermöchte.

Niedriger als 50 Prozent sollte die Staatsquote unbedingt sein, weil nur so die notwendige Gestaltungsfreiheit für Wirtschaft, Gesellschaft und Bürger erhalten bleibt. Um das zu verstehen, braucht man die Sache nur aus der Sicht eines Bürgers zu betrachten, der am Monatsersten seinen Lohn auf dem Konto vorfindet. Abgezogen sind in diesem Moment schon die Steuern und Sozialbeiträge, die ihm aufgrund des Gesetzes abverlangt werden. Dann hat er mit einer langen Reihe von fixen Kosten für seinen und seiner Familie Lebensunterhalt zu rechnen, über den er eigentlich auch nicht frei verfügen kann. Soweit seine Freiheit mit Geld zusammenhängt, bemißt sie sich infolgedessen nur nach dem Betrag, der, wenn alles gutgeht, nach Abzug von Abgaben und Fixkosten übrigbleibt – und dieser Betrag ist bei den meisten Menschen sehr klein. Von ihm hängt aber die »Menge an Freiheit« ab, die in einer Gesellschaft wie der deutschen vorhanden ist – was immer der Einzelne dann damit anfängt. Und dieses Beispiel gilt selbstverständlich nicht nur für den einzelnen Bürger, sondern auch für die Wirtschaft. Ihre Investitions- und folglich Innovationsfähigkeit hängt davon ab, vor allem aber auch die Frage, ob sie sich das Risiko von Innovationen leisten kann.

Das Unglück will es nun, daß die Staatsquote in Deutschland gegenwärtig nicht bei 40 Prozent liegt, sondern daß sie um die 50 Prozent herum pendelt. Daraus gibt es nur einen einzigen denkbaren Schluß: Sie muß gesenkt werden.

Dabei weiß allerdings jeder, daß das nicht von heute auf morgen zu erreichen ist. Es ist aber doch daran zu erinnern, daß der Regierung Helmut Kohl dieses Kunststück in ihren ersten acht Jahren schon einmal gelungen ist. 1982, als sie antrat, lag die Staatsquote ebenfalls um die 50 Prozent, 1990 war fast die 40-Prozent-Marke erreicht. Allerdings waren die Zeiten damals anders: Erstens war die Konjunkturlage etwas besser als heute, und zweitens betrieb die Bundesregierung eine entschieden wachstumsfreundlichere Politik als die heutige. (Daß dann die deutsche Wiedervereinigung mit ihren unabsehbaren Lasten kam, steht natürlich auf einem anderen Blatt.)

Fest steht seither jedenfalls, daß die 40 Prozent erreichbar sind – man muß es allerdings wirklich wollen. Es soll auch keiner sagen, daß das automatisch nur auf Kosten der sozial Schwachen gehen müsse. Dieser Vorwurf setzt eine Verteilungspolitik voraus, die nur den ewig gleichen Kuchen, nur eben anders, verteilt. Aber das ist eine erbärmliche Politik. Wenn es gelänge, wieder zu nennenswertem Wachstum zu kommen, dann würde, um im Bild zu bleiben, auch der Kuchen wieder wachsen. Dann wäre etwas vorhanden, was leichter verteilt werden könnte und womit vor allem auch die immensen Kosten des demographischen Umbruchs leichter abgefangen werden könnten. Wie gesagt: Man muß es nur wollen.

Solange das Wachstum nicht anspringt, bleibt allerdings nur die öffentliche Sparsamkeit, das heißt die Reduzierung der öffentlichen Haushalte.

Unterbreitet man diese Forderung heutigen Haushaltspolitikern (und übrigens auch heutigen Journalisten), so geschieht – alternativ – zweierlei. Die einen sagen ein weiteres Sinken der Nachfrage auf den Märkten voraus, berufen sich also auf John M. Keynes und seine Lehren aus der Zwischenkriegszeit: öffentliche Sparsamkeit in Zeiten hoher Konjunktur, zusätzliche Staatsausgaben in Zeiten der Stagnation oder gar Rezession. Man müßte Keynes recht geben, wenn die Menschen nicht wären, wie sie nun einmal sind. Zusätzliche Ausgaben in Stagnations- und Rezessionsphasen hat es in Deutschland immer gegeben. Sprang die Konjunktur dann wieder an, hat man das Geld aber weiterhin mit vollen Händen ausgegeben. Das hängt mit der Mentalität der meisten Politiker, aber – weil es nun einmal ein allgemeines Wahlrecht gibt – auch mit der Mentalität des Volkes zusammen.

Also bleibt wirklich nur der Weg des Sparens, doch den müssen wir uns etwas genauer ansehen. Eigentlich braucht man ihn in Deutschland nur zur Sprache zu bringen, schon geschieht etwas,

was man nur als Pawlowschen Reflex bezeichnen kann: Die einen sind dafür, weil sie ohnehin für die Kürzung der staatlichen Sozialleistungen sind, die anderen aber sind dagegen, weil sie ebenso entschieden »gegen jeden Sozialabbau« sind. Einig sind sie sich nur darin, daß Sparen in der augenblicklichen Lage gleichbedeutend mit »sozialen Einschnitten« ist.

Gewiß ist nicht zu bestreiten, daß viele von den Einschnitten in das soziale Netz, die es in den vergangenen Jahren gegeben hat, sinnvoll oder zumindest vertretbar waren und auch fortgesetzt werden müssen. Man kann auch verstehen, daß solche Einschnitte angesichts der großen Zahl der Betroffenen haushaltspolitisch besonders wirksam, für »Haushälter« also besonders verführerisch sind. Absurd ist jedoch die Selbstverständlichkeit, mit der in solchen Argumentationen Haushaltsdisziplin und Sozialabbau gleichgesetzt werden. Die Folge ist klar: Meist geschieht gerade deshalb überhaupt nichts oder doch zuwenig, und man wird vermuten dürfen, daß damit das eigentliche Ziel solcher Engführungen erkannt ist.

Haushaltskürzung und Sozialabbau sind aber nicht annähernd gleichbedeutend. Es kann noch auf ganz andere Weise gespart werden, und selbst die immer wiederkehrende Versicherung der Finanzpolitiker, die öffentlichen Haushalte enthielten »kein bißchen Luft« mehr, ja sie seien jetzt schon »ausgepreßt wie Zitronen«, ist entweder eine bewußte Irreführung der Öffentlichkeit, oder sie zeugt von bedenklichen Wissenslücken.

Die Wahrheit sieht ganz anders aus. Unsere Budgets enthalten immer noch erhebliche Luftblasen. Nur gibt es kaum noch Menschen, die sie genau genug überblicken, um diese Blasen erkennen und dann auch noch anstechen zu können. Die meisten »Haushälter« geben es selbst zu: Keiner überblickt seinen Haushalt noch halbwegs, manche sprechen – vielleicht etwas rhetorisch – von höchstens zehn Prozent, die ihnen genau bekannt sind, und während der großen »Streichkonzerte«, die von Zeit zu Zeit nötig werden, reicht auch die Zeit nicht aus, um daran etwas Wesentliches zu ändern.

Man kann das alles auch wesentlich schärfer ausdrücken: Mindestens ein, zwei »Streichkonzerte« der üblichen Art (wenn nicht noch mehr) könnten ohne soziale Einschnitte durchgeführt werden, wenn man unsere öffentlichen Haushalte einmal wirklich vom ersten bis zum letzten Titel »durchforsten« und dabei allen Wildwuchs aus den vergangenen Jahrzehnten ausrotten würde. Das kostet viel Zeit und Kraft, aber des Schweißes der Edlen wäre es allemal wert!

Wer nach Beispielen für die immer noch vorhandene staatliche Verschwendung fragt, den kann man – eben beispielsweise – auf die sechs bis acht Milliarden Euro verweisen, die Deutschland alljährlich in Umschulungsmaßnahmen für Arbeitslose investiert und die, wie nicht nur Eingeweihte versichern, nur in seltenen Ausnahmefällen zu einer späteren Anstellung führen. Eigentlicher Zweck solcher Ausgaben kann also nur die Absenkung der offiziellen Arbeitslosenzahlen sein, und dafür lohnen sich die eingesetzten Milliarden nicht. (Das Problem ist übrigens seit langem bekannt, wird aber erst in allerletzter Zeit öffentlich diskutiert, weil es eine riesige Phalanx kommunaler, gewerkschaftlicher und kirchlicher Institutionen gibt, die von Umschulungsmaßnahmen gut leben; sie alle müßten vor einer Lösung erst aus dem Feld geschlagen werden.) Fälle von dieser Art dürfte es in den Haushalten des Bundes, der Länder und der Gemeinden zur Genüge geben. Man muß sie nur aufsuchen – gerade in den Haushaltsteilen, die die ernstzunehmenden »Haushälter« nicht mehr überblicken.

Ein anderer Weg, die öffentlichen Haushalte auf Dauer zu entlasten, könnte von einer Seite kommen, an die gegenwärtig nur wenige denken, hätte aber den großen Vorteil, daß neben dem Haushaltsproblem auch noch ein anderes, moralisch sehr viel relevanteres Problem gelöst werden könnte. Die Technisierung unserer Gesellschaft und vor allem die mit ihr verbundene Komplizierung der Arbeit haben es mit sich gebracht, daß es eine ständig wachsende Zahl von Menschen gibt, die aus gesundheitlichen, ausbildungsbedingten oder anderen Gründen »nicht mehr vermittelbar« sind und ihr

Leben lang ohne berufliche Perspektive bleiben. Dies Problem wird, wie gesagt, nur selten gesehen, noch seltener öffentlich diskutiert und schon gar nicht einer Lösung zugeführt. Die meisten Betroffenen erhalten zwar aus den Sozialhilfetöpfen ihr Existenzminimum, aber erstens ist dieses anerkanntermaßen nicht sehr hoch, und zweitens wird ihnen auf diese Weise jenes Selbstwertgefühl verweigert, das ein beruflicher Erfolg (und sei er noch so klein) und das aus ihm entstehende Gefühl, ein »nützliches Glied der Gesellschaft« zu sein, auch heute noch zu vermitteln pflegen.

Nun ist es nicht so, als ob es für diese Menschen keine Arbeit gäbe. Es gibt sie sehr wohl, nur nicht zu auskömmlichen Löhnen. Also bleibt alles beim alten: Eine beträchtliche Zahl von Menschen bleibt »nicht vermittelbar«, und die Sozialhilfeträger zahlen den vollen Sozialhilfesatz; die Öffentlichkeit aber diskutiert von Zeit zu Zeit, ob Sozialhilfeempfänger, gewissermaßen zur Strafe, zu öffentlichen Arbeiten herangezogen werden sollten.

Umgekehrt könnte sehr wohl ein Schuh daraus werden. Man dulde – natürlich unter strengen Vorsichtsmaßregeln gegen Mißbrauch – die Anstellung nicht vermittelbarer Menschen zu angemessenen, aber wirtschaftlich noch vertretbaren Löhnen und sattle aus den Sozialhilfeetats so viel drauf, daß der übliche Sozialhilfesatz und darüber hinaus noch ein kleiner Anreizbetrag dabei herauskommen. Das bringt, wie zuzugeben ist, erhebliche Schwierigkeiten mit sich, müßte also genau überlegt und konkretisiert werden. Der menschliche Effekt einer solchen Politik wäre aber groß, und der finanzielle wäre auch nicht zu verachten. Man bedenke: Auch wenn nur 100 000 Langzeitarbeitslose auf diese Art zur Hälfte in Brot kämen, wären das 50 000 Sozialhilfesätze pro Jahr weniger!

Es läßt sich aber noch auf einer ganz anderen Schiene fahren. Alljährlich legen die Rechnungshöfe und -ämter von Bund, Ländern und Gemeinden ihren Parlamenten umfangreiche Berichte über öffentliche Geldverschwendung vor. Der Gesamtbetrag, um den es dabei geht, läßt sich bei der mangelnden Durchschaubarkeit unserer Haushalte nur schwer schätzen, dürfte aber eine zweistellige Milliardensumme nicht im allerniedrigsten Bereich ausmachen. Natürlich werden nicht alle diese Beanstandungen einer näheren Überprüfung standhalten – auch Rechnungshöfe sind schließlich nicht unfehlbar. Selbst nach den Korrekturen, die sich daraus ergeben, ist aber immer noch mit einer erheblichen Anzahl vergeudeter Euro-Milliarden zu rechnen.

Diese Beträge sind selbstverständlich ausgegeben und können meist auch nicht mehr zurückgeholt werden. Nicht einzusehen ist jedoch, warum ihre Verschwendung ohne Konsequenz bleiben soll. Die betroffenen Beamten und sonstigen Funktionsträger kann man zwar haftbar machen, angesichts der Beträge, um die es hier geht, bringt das aber nicht viel. Nichts spricht jedoch dagegen, der handelnden Behörde denselben Betrag im folgenden Haushaltsjahr noch einmal abzuziehen; sie braucht das Geld ja nicht wirklich, sonst hätte sie es bestimmt sinnvoller verwendet.

Diese Methode mag zarten Gemütern etwas harsch erscheinen – nicht ganz zu Unrecht. Die Beträge, die hier in Rede stehen, sind aber so hoch, daß es ohne wirklich harte Methoden wahrscheinlich keine relevante Abhilfe gibt. Jedenfalls ließe sich auf diese Weise das verschwendete Geld wieder hereinbringen. Außerdem würden die Personalakten der beteiligten Beamten etwas konkreter – von der Reaktion der Wähler bei Inhabern von Wahlämtern ganz abgesehen. Und schließlich: Die pädagogische Wirkung wäre gewiß auch nicht ganz gering.

Die Beispiele, die wir hier angeführt haben, stehen nach aller Erfahrung nicht allein, sondern sie stehen für viele andere. Sie zu lösen und allen anderen nachzugehen wäre jeder Anstrengung wert – auch wenn die Einsparungen gewiß nicht von heute auf morgen vollständig verwirklicht werden könnten, sondern in Stufen vorgegangen werden müßte. Niemand kann im Augenblick sagen, ob auf diese Weise die Staatsquote abgesenkt werden könnte oder ob mit den eingesparten Mitteln nur neu auftretende Haushaltslücken geschlossen werden müßten. Beides hätte aber seinen guten Sinn. Wie gesagt: Man müßte sich nur anstrengen.

Neue Impulse würden von diesem Vorgehen – das natürlich außerhalb der üblichen Budgetberatungen, in eigenen, dafür geschaffenen Kommissionen, geleistet werden müßte – auch auf die Beschränkung des staatlichen Aufgabenbuketts ausstrahlen. Wenn etwas nicht mehr vom Staat betrieben oder finanziert wird, bedeutet das ja zugleich, daß es nicht mehr als Staatsaufgabe anerkannt wird, und wenn solche Aufgabenstreichungen halbwegs systematisch vorgenommen würden, könnte daraus sogar eine einigermaßen logische Doktrin entstehen.

Das ist ein etwas komplizierter Gedankengang, den wir daher durch ein Beispiel illustrieren wollen. Bei der Kostenexplosion im öffentlichen Gesundheitswesen und bei dessen angespannter finanzieller Lage kann es durchaus sein, daß die Leistungen der Krankenkassen noch weiter beschnitten werden müssen, als das jetzt schon der Fall ist. Das kann im Extremfall bedeuten, daß den Kassenpatienten entweder medizinische Spitzenleistungen (z. B. Herztransplantationen) oder die Mittel gegen die täglichen Allerweltskrankheiten (z. B. Schnupfen) nicht mehr ersetzt werden können. Gleichgültig wie sich der Gesetzgeber in einem solchen Fall entscheidet, er beschneidet damit auch seine eigene Aufgabenliste: Entweder ist dann die Finanzierung von Herztransplantationen oder die von Schnupfenmitteln keine Staatsaufgabe mehr.

Der Vorteil eines solchen Verfahrens bestünde darin, daß dann nicht mehr irgendwelche allgemeinen Dogmen notwendig wären, aus denen die Berechtigung bzw. Nichtberechtigung einer konkreten Staatsaufgabe hergeleitet werden müßte, sondern daß umgekehrt vom konkreten Einzelfall ausgegangen und, wenn alles gutginge, aus der großen Zahl solcher Einzelentscheidungen – vielleicht – auf allgemeine Grundsätze der staatlichen Aufgabenwahl geschlossen werden könnte. Es würde also, um es gelehrt auszudrücken, die deduktive Arbeitsmethode durch die induktive ersetzt. Das ist zwar meist sehr mühsam, dafür ist es aber effektiv.

Besonderer Aufmerksamkeit der Verantwortlichen sind dabei jene (bisherigen) Staatsaufgaben zu empfehlen, die wir oben unter der Überschrift »Soziale Infrastruktur« dargestellt haben – der Leser wird sich daran erinnern, daß darunter nicht nur die staatlichen Infrastrukturmaßnahmen im eigentlichen Sinne (Straßenbau, Wasser- und Stromerzeugung usw.) subsumiert wurden, sondern auch so weite Felder wie das Bildungswesen, das Gesundheitswesen, der Katastrophenschutz und das Rettungswesen. Hier wäre eingehend zu prüfen, ob auf den Gebieten, auf denen weiterhin eine staatliche Verantwortung bejaht wird, die Einführung von Benutzergebühren sinnvoll und den Benutzern auch zuzumuten wäre (Allerweltsbeispiel: Studiengebühren); dort, wo solche Verpflichtungen bereits bestehen, müßte zumindest die Frage nach ihrer Erhöhung, vor allem aber nach der inneren Stimmigkeit des Systems (z. B. Kindergartengebühren im Verhältnis zu Studiengebühren) einmal ernsthaft aufgeworfen werden.

Noch wichtiger ist allerdings die Frage, ob nicht bestimmte Aufgaben, die der Staat bisher wie selbstverständlich wahrgenommen hat, vollständig »privatisiert«, das heißt in die Hände privater Unternehmer gelegt werden können. Beim Straßenbau hat man sich dagegen jahrzehntelang gesperrt, mittlerweile gibt es aber die ersten Beispiele, und zwar gerade in Bundesländern, deren regierende Parteien solchen Überlegungen lange Zeit schroff ablehnend gegenüberstanden. Inwieweit man in solchen Fällen private Stiftungen u. a. einschalten könnte, wäre ebenfalls noch genau zu prüfen. Ihnen könnte man sogar steuerlich weit entgegenkommen: Selbst wenn man (unter Durchbrechung der jetzt geltenden Fünf-Prozent-Grenze) die vollständige Absetzung solcher Aufwendungen von der Einkommensteuer zuließe, hätten der Staat und die anderen öffentlichen Hände von da an nur noch weniger als die Hälfte der bisherigen Ausgaben aufzubringen.

VI.

Eine neue Bildungspolitik

Die Bedeutung, die Wissen und Intelligenz für die Gesellschaft und besonders für die soziale Marktwirtschaft unter den Bedingungen von Dynamisierung und Globalisierung haben, ist hier schon hinreichend betont worden. Zu den hergebrachten Produktionsfaktoren Boden, Kapital und Arbeit ist das Wissen als vierter hinzugetreten, und es wird für die Zukunft entscheidend darauf ankommen, welche Konsequenzen Deutschland aus dieser Erkenntnis zieht.

Am schwierigsten ist die Frage zu beantworten, welches Wissen den jungen Menschen heute vorrangig vermittelt werden muß. Gewiß werden Naturwissenschaften und Techniken im Vordergrund zu stehen haben, sogleich gefolgt von den Fremdsprachen, die in Zeiten der Globalisierung eine ganz andere Rolle spielen als früher, in Zeiten bloßer Touristik. Gelehrt werden muß aber auch das, was Europa wirklich ausmacht, also seine Geschichte, seine Kunst, Kultur und Philosophie. Die Entscheidung über die Bildungsinhalte, die auf alle diese Fragen eine bewußte und vor allem überlegte Antwort geben könnte, ist im Deutschland der Nachkriegszeit nie wirklich getroffen worden und wird – unverständlicherweise – auch jetzt noch nicht mit dem nötigen Ernst diskutiert. Alle Vorschläge über die Organisation und die legitimen Kosten des Bildungswesens, die Zahl der Lehrenden, ihren Rechtsstatus, ihre Ausbildung und ihre Besoldung und über die Dauer einer durchschnittlichen Schul- bzw. Hochschulbildung hängen aber in der Luft, solange die Frage der Inhalte nicht halbwegs geklärt ist.

Hier gilt es dann aber, noch eine Vorfrage zu beantworten, und diese lautet: Wieviel Wissen kann im Laufe einer durchschnittlichen Schüler- bzw. Hochschüler-Laufbahn überhaupt vermittelt werden, und zwar so, daß es nicht sofort wieder vergessen wird, sondern den einzelnen jungen Menschen dann wirklich durch sein ganzes Leben begleitet? Denn Wissen, das nur über die Köpfe hinweg vermittelt und alsbald wieder vergessen wird, braucht man eigentlich gar nicht zu vermitteln, da ist jeder Aufwand an Personal, Geld und Zeit zu schade.

Der wichtigste Faktor: Zeit

Damit sind wir am schwierigsten Punkt der gesamten Bildungspolitik. Zwischen der Menge des Wissens, die »eigentlich« vermittelt werden sollte, und der Zeit, die im Laufe eines Schüler- und Studentenlebens für diese Vermittlung zur Verfügung steht, hat sich eine Kluft geöffnet, die zu überbrücken bisher weder versucht noch erreicht wurde und die sich fast pausenlos weiter öffnet. Diese Kluft ist die eigentliche Crux unseres Bildungswesens und dementsprechend unserer ganzen Bildungspolitik.

Der Vorgang ist an sich leicht zu erklären. Es gibt heute eine Faustregel, die besagt, daß sich das Gesamtwissen der Menschheit etwa alle fünf bis zehn Jahre verdoppelt. Das mag bei einzelnen Disziplinen zu hoch, bei anderen zu niedrig angesetzt sein – im allgemeinen wird es aber stimmen. Geht man von dieser Größenordnung einmal aus, so hätte sich das Gesamtwissen seit 1950 etwa verdreißigfacht. Natürlich hat sich in dieser Phase auch die durchschnittliche Bildungszeit verlängert, zum Beispiel durch das permanente Ansteigen der Studienzeiten, vor allem aber dadurch, daß immer mehr junge Menschen länger dauernde Bildungsgänge als früher eingeschlagen haben. Man kann das schwer quantifizieren. Wenn man ganz optimistisch rechnet, hat sich die durchschnittliche Bildungsdauer aber höchstens verdoppelt, und die Frage ist, wie unser Bildungssystem das verkraftet hat.

Die Antwort ist leicht zu geben: Das Bildungssystem hat es nicht verkraftet und es konnte es auch gar nicht verkraften. Die Lehrpläne sind erweitert, oft dem Stoff nach sogar überfrachtet worden. Themen, die in den Schulen früher eingehend besprochen worden wären, konnten nur noch mit wenigen Sätzen angerissen werden. Die Zeit, in denen solches Wissen vertieft und eingeübt werden sollte, schrumpfte noch mehr zusammen, und Zeit, in denen der Lehrer im lockeren Gespräch mit seinen Schülern Erfahrungen, vielleicht sogar ein bißchen Weisheit weitergeben konnte, gab es erst recht nicht mehr. Wenn irgend etwas an der sogenannten PISA-Studie alarmierend war, dann ist es der Nachweis dieser Defizite, also gerade in den Bereichen, in denen zur »Bildung« noch etwas »Erziehung« treten müßte.

Die Frage, die vor jeder weiteren Reformüberlegung beantwortet sein muß, lautet also tatsächlich: Wieviel an Bildung und Wissen kann bei den Gegebenheiten der Gegenwart wirklich an Schüler und Studenten weitergegeben werden? Dazu müssen wiederum zwei weitere Fragen beantwortet sein:

1. Wieviel Personal und Geld steht tatsächlich zur Verfügung? Das ist – wohlgemerkt! – eine Frage und keine Antwort. Natürlich verbessern mehr Lehrer, Professoren und Mittel im allgemeinen das Bildungsangebot. Aber nur, wenn Hand in Hand damit weitere Reformen einhergehen, von denen sogleich noch zu sprechen ist. Ohne sie wäre es um jeden zusätzlichen Euro schade!
2. Wieviel Zeit für die Vermittlung von Wissen steht im einzelnen Bildungsgang wirklich zur Verfügung? In den Schulen ist wie gesagt Zeit für Üben und Wiederholen nötig, an den Hochschulen brauchen die Professoren wieder mehr Zeit für Forschung. Und schließlich sollte normalerweise auch eine Hochschulbildung im Alter von 30 Jahren längst abgeschlossen sein!

Gäbe es keine zusätzlichen Tatsachen mehr, so wäre die Konsequenz aus diesen Überlegungen eindeutig: Es müßten sowohl für das Schulwesen als auch für die akademischen Fächer die Lehrpläne ganz erheblich, sagen wir: auf die Hälfte gekürzt werden. Ein wirklicher Zeitgewinn könnte höchstens noch dadurch erreicht werden, daß man von der sinnlosen Praxis solcher Examina abgeht, in denen der gesamte Stoff eines Faches am Ende der Ausbildung auf einmal »abgeprüft« wird. Das scheint zwar eine heilige Kuh des deutschen Bildungswesens zu sein, doch gibt es für dieses Tier keine wirklich zwingende Begründung, dafür aber hat es zur Folge, daß der durchschnittliche Student ein Fach nach dem anderen »lernt« und immer, wenn er mit einem Fach »fertig« ist, Angst bekommt, ein früher gelerntes wieder »vergessen« zu haben und daher erneut »lernen« zu müssen. Das kostet ihn unendlich viel Zeit, und die könnte man ihm wie dem Bildungssystem als Ganzem ohne weiteres ersparen.

Denkt man vorurteilslos, so bietet die moderne Zeit der Bildungspolitik allerdings noch ganz andere Möglichkeiten, auf die oft volltönend hingewiesen wird, aus denen aber niemand bisher die rechten Konsequenzen gezogen hat. Hier sollen wiederum nur die zwei wichtigsten genannt werden:

1. Aus dem Umstand, daß sich das Wissen permanent vermehrt, wird seit geraumer Zeit die Schlußfolgerung gezogen, daß der Mensch der Gegenwart am Ende seiner Ausbildung bei weitem nicht alle Kenntnisse besitzt, die er während seines Berufslebens wirklich benötigt, sondern daß er ohnehin zu lebenslangem Lernen verurteilt ist. Nimmt man das ernst, so kann Lernstoff, der nach unseren bisherigen Überlegungen aus den Lehrplänen der Schulen und Hochschulen gestrichen werden muß, später immer noch erworben werden, zumindest von solchen Menschen, die ihn dann wirklich brauchen. Besonders leicht vertretbar wäre das bei Erkenntnissen, von denen man ohnehin weiß, daß sie eine geringe »Halbwertszeit« besitzen, das heißt aller Wahrscheinlichkeit nach innerhalb weniger Jahre durch neue Forschungsergebnisse überholt sein werden.

2. Eine grundsätzlich neue Herausforderung bietet in diesem Zusammenhang der Computer, genauer gesagt das Internet, das praktisch jedermann alles an Wissen ins Haus bringt, das auf der Erde zu einem beliebigen Gegenstand vorhanden ist. Lernt der Schüler oder Student mit diesem Instrument rechtzeitig umzugehen und vor allem aus der Überfülle des gebotenen Stoffes die sinnvollen Teile herauszufiltern, so kann es in Unterricht und Stu-

dium genügen, wenn er über entlegenere Fachprobleme erfährt, daß es sie gibt, und wenn er zudem erfährt, wie die Hauptbegriffe des Problems heißen, damit er mit ihnen das notwendige Material im Netz auffindet. Dann hätten die zur Mode gewordenen Aufrufe von Politikern, in jede Schule müsse »ein Computer«, auch einen Sinn; denn wenn es auch richtig ist, daß der Umgang mit Computer und Internet heute zu den Kulturtechniken gehört, die jeder spätestens in der Schule lernen muß, so richtig ist es doch auch, daß er viel dringender wissen muß, wie man mit so einem Instrument arbeiten kann – den Umgang mit Computerspielen lernen die Kinder schon von selbst, dafür brauchen sie keine Schule.

Aus diesen wenigen Überlegungen ist schon einiges über die Methodik einer Reform der Bildungsinhalte zu lernen. Es reicht keineswegs aus, eine Art Bildungskanon aufzustellen, das heißt eine Liste von Lerngegenständen, die Schülern und Studenten irgendwie beigebracht werden müssen. Natürlich ist ein solcher Kanon notwendig, doch muß, idealtypisch gesprochen, jedem Punkt eine weitere Entscheidung beigefügt werden, die auf folgende Fragen Antwort gibt:

- Welches Wissen soll überhaupt durch das herkömmliche Bildungssystem, also durch Schulen und Hochschulen, vermittelt werden, welches erst durch Einrichtungen des lebenslangen Lernens und welches überhaupt nicht?
- Wenn die Entscheidung für das herkömmliche Bildungswesen fällt: Welches Wissen soll schon durch die Schule (und in welchem Schultyp) vermittelt werden, welches erst durch ein Hochschulstudium?
- Welches Wissen braucht nur in Form eines Problemaufrisses vermittelt zu werden (mit der Folge, daß sich der Lernende die Vollinformation selbst beschafft, speziell aus dem Internet), und welches muß »voll«, also nicht nur als Problemaufriß, vermittelt werden? (Zum letzteren Punkt gehört selbstverständlich die Technik der Beschaffung, Bewertung und Auswahl vorhandener Informationen.)

Erst wenn diese Fragen Schritt für Schritt beantwortet sind, ist eine halbwegs rationale Reform der Bildungsinhalte zu erwarten. Zwar wird es auch dann noch die leidigen Kämpfe von Fachverbänden um »ihre« Stundenzahl in den Lehrplänen und »ihre« Beteiligung an Hochschulprüfungen geben, die schon bisher so viel geschadet haben, und Kompromisse werden insoweit nicht immer zu umgehen sein. Notwendig ist die Prozedur aber, wenn die Reform überhaupt Aussicht auf Effektivität haben soll und wenn vor allem unnütze, ja unüberlegte Überschneidungen in den Lehr- und Studienplänen vermieden werden sollen. Auch hier also wieder der Zeitfaktor!

Das Thema »Ganztagsschule«

In allerjüngster Zeit wird in Deutschland wieder das Problem der Ganztagsschule diskutiert, und wie es im Bildungswesen nicht anders sein kann, wird diese Schulform, die es in anderen Ländern teilweise seit langer Zeit gibt, von den einen leidenschaftlich gefordert, von den anderen ebenso leidenschaftlich bekämpft. Es hat keinen Sinn, diese Debatte nur aus der Tagesstimmung zu führen, und noch weniger macht es Sinn, dabei nur auf vordergründige Eltern- oder Lehrerinteressen zu hören. Geht man das Thema aber halbwegs realistisch an, so muß man eine ganze Reihe von denkbaren Gründen offen benennen und dann deutlich auseinanderhalten.

1. Die Einführung der Ganztagsschule würde den Zeithaushalt unseres Schulwesens etwas entlasten. Es stünde etwa die Hälfte der jetzt auf Wissensvermittlung verwendbaren Zeit dafür zusätzlich zur Verfügung oder – anders ausgedrückt – die unumgängliche Ausdünnung der Lehr- und Bildungspläne könnte glimpflicher verlaufen.

2. In der gewonnenen Zeit ließe sich selbstverständlich auch das leisten, was man früher einmal als Nachhilfeunterricht bezeichnet hat, also Förderunterricht für Kinder aus bildungsfernen Familien,

für Kinder aus Ausländerfamilien und für Kinder, die, etwa aus Pubertätsgründen, gerade einmal einen »Durchhänger« haben.

3. Die Ganztagsschule hätte schließlich den Vorteil, daß sie Kinder am Nachmittag »von der Straße fernhält«, insbesondere wenn sich ihre Eltern aus Gesundheitsgründen oder wegen doppelter beruflicher Beanspruchung nicht um sie kümmern können.

Das Unbefriedigende an der gegenwärtigen Debatte ist, daß alle diese Motive in den Köpfen – unbewußt oder absichtlich – durcheinandergeworfen werden und daß die Zahlen, die zu diesem Thema in Meinungsumfragen zustande kommen, daher wenig aussagekräftig sind.

Nicht bestreitbar ist die Vernünftigkeit der an zweiter Stelle genannten Überlegungen. Wissenslücken, die aus den dort genannten Gründen bestehen, müssen so rasch wie möglich »ausgebügelt« werden, sonst wachsen sie von Tag zu Tag weiter an, und durch Nachmittagsunterricht wäre das am leichtesten zu beheben. Die Folge wäre dann allerdings, daß es sich entweder um freiwilligen oder um im Einzelfall angeordneten Nachmittagsunterricht handeln würde. (Das würde übrigens auch für den Realitätsbezug solcher Pläne sprechen.)

Für jedermann einleuchtend dürfte auch der an dritter Stelle genannte Grund für eine Ganztagsschule sein. Allerdings scheint hier eine finanzielle Einschränkung nötig zu sein: Für Elternpaare, die beide beruflich tätig sind und dabei gut verdienen, sollte der Staat diese Leistung nicht kostenlos, sondern nur kostendeckend bereithalten.

Alle anderen hier angeführten Gründe dürften die Entscheidung für eine Ganztagsschule – ganz abgesehen von den finanziellen Engpässen, mit denen wir ohnehin leben – schwerlich rechtfertigen. Um die nachhaltige Kürzung der Lehrpläne käme man auch bei Einführung der Ganztagsschule nicht herum, und die Prozentsätze, um die gekürzt werden müßte, würden nicht einmal wesentlich sinken. Im übrigen aber ginge alles verloren, was für Schüler, denen ihre Schule keine Probleme bereitet, die Freizeit bedeuten kann: das nicht von der Schule vermittelte Wissen, das so viele junge Menschen an die Universität mitbringen, käme nicht mehr zustande, die Vorbereitung auf eine Sportler- oder Künstlerkarriere wäre verbaut und vieles andere mehr. Eine Geigerin wie Anne-Sophie Mutter gäbe es unter diesen Umständen wahrscheinlich überhaupt nicht.

Bildungsinhalte

Eine wirkliche Reform der Bildungsinhalte, an die nun als nächstes herangegangen werden muß, setzt zumindest Idealvorstellungen über das voraus, was ein moderner Mensch an Wissen benötigt, um einerseits als »gebildet« zu gelten und andererseits den Anforderungen der Zeit gerecht werden zu können. Wir sprechen hier bewußt von Idealvorstellungen; denn schon ein kurzer Blick auf die folgenden Ausführungen wird zeigen, daß das, was dort aufgezählt wird, nur in extremen Ausnahmefällen in einen einzelnen Kopf »hineingehen« wird. Trotzdem ist diese Art der Fragestellung sinnvoll, weil sie, wenn man ihre Ergebnisse schon nicht dem einzelnen Menschen mehr zumuten kann, dann doch jedenfalls Auskunft darüber geben kann, welches Wissen und welche Fähigkeiten in der Gesamtgesellschaft in größeren Tranchen vorhanden sein muß, damit sie den Problemen ihrer Umwelt halbwegs gewappnet entgegentreten kann. Im ganzen wird es wohl um fünf Fächerblöcke gehen müssen:

1. Deutsche Sprache einschließlich solider Literaturkenntnisse und Einübung der heute notwendigen Ausdrucks- und Argumentationsfähigkeiten;
2. Mathematik und Naturwissenschaften, darunter mindestens Physik, Chemie und Biologie;
3. möglichst drei Fremdsprachen, darunter in jedem Fall Englisch, das für die künftigen Generationen eher eine Gebrauchs- als eine wirkliche Fremdsprache werden dürfte;

4. Geschichte und Wesenszüge der europäischen Kultur, darunter vor allem europäische Philosophie, Religions- und Kulturgeschichte, politische Ideengeschichte;
5. Grundzüge der Politik- und Gesellschaftslehre, der Wirtschaftswissenschaft und der politischen Geschichte.

Auf die Grenzbereiche zwischen den Disziplinen sollte dabei generell besonderes Augenmerk gerichtet werden. Gerade aus ihnen sind besondere Weiterentwicklungen zu erwarten, die eines Tages von beträchtlichem wirtschaftlichen Wert sein können; andererseits gehört es, angesichts des Fehlens einer klaren Definition von Bildung, mehr und mehr zum Wesen eines gebildeten Menschen, daß er nicht nur in seiner unmittelbaren Disziplin versiert, sondern imstande ist, an ein, zwei Stellen über den Tellerrand dieser Disziplin hinauszuschauen; ob es sich dabei nur um verwandte oder auch um gänzlich »inkompatible« Fächer handelt (also z. B. Physik und Kulturgeschichte), ist fast gleichgültig.

Es ist hier schon darauf hingewiesen worden, daß dieses Programm, das man eigentlich als Mindestprogramm für einen halbwegs gebildeten Menschen des 21. Jahrhunderts bezeichnen müßte, immer noch zu groß ist. Um ihm wirklich den Zugang zu den Köpfen normaler Schüler und Studenten zu verschaffen, wäre wahrscheinlich ein Bildungsgang nötig, an dessen Ende der junge Mensch nicht mehr wie heute Mitte Dreißig, sondern gar vierzig wäre, und es liegt auf der Hand, daß das schlechthin unannehmbar wäre. Die jungen Deutschen treten ohnehin viel zu spät ins Berufsleben ein, nicht nur gegenüber ihren Kollegen in anderen, Deutschland vergleichbaren Ländern, sondern auch hinsichtlich allgemeiner Erfordernisse, wie Leistungskraft, Kreativität und Leistungswillen, also Eigenschaften, die heute ganz besonders notwendig sind. Die andere, immerhin ebenfalls denkbare Alternative, nämlich das Hineinpacken möglichst großer Lehrstoffmengen in die einzelnen Unterrichtseinheiten, scheidet erst recht aus. Sie ist ja die eigentliche Ursache der heutigen Wissensmisere.

Die Lösung des Dilemmas verlangt nicht mehr und nicht weniger als den Mut zur Lücke. Es gibt nämlich noch einen Weg, breit und sorgfältig auszubilden und trotzdem weder die Lehrenden noch die Lernenden zu überfordern. Dieser Weg heißt »Spezialisierung« und bedeutet die Einrichtung jeweils mehrerer Bildungsgänge mit unterschiedlichen Schwerpunkten.

Von den Gymnasien kennt man diese Lösung schon heute, nämlich aus dem Nebeneinander von altsprachlichen, neusprachlichen, mathematisch-naturwissenschaftlichen und musischen Gymnasien. Dieses Schema hat sich in nunmehr schon langen Jahren im wesentlichen bewährt, und es hat auch bundesweit zu einer erheblichen Vereinheitlichung im Gymnasialwesen geführt; Deutschland hat seither nur noch einen Bruchteil der Gymnasialformen, die früher allein das Land Preußen aufzuweisen hatte. Daran sollte man grundsätzlich nicht mehr rühren. Um die oft beklagten Unterschiede in den Anforderungen der einzelnen Bundesländer auszugleichen, bedarf es weder einer einheitlichen Bundeszuständigkeit noch gemeinsamer Gesetze bzw. Richtlinien. Es würde ausreichen, bundesweit einheitliche Prüfungen für jeden Schultyp durchzuführen und die Aufgaben dazu von einem unabhängigen Institut ausarbeiten zu lassen. Die Angst, die Lehrer auch vor den Prüfungen ihrer Schüler haben, würde alsbald zu den nötigen Angleichungen führen.

Gemeinsame Prüfungen sollte es allerdings nur für einen Teil der Prüfungsfächer geben, also für die vier oder fünf Fächer, die man als Kernfächer bezeichnen könnte. Im übrigen sollten die Schulen – und nicht die Landeskultusministerien! – die freie Entscheidung über Fach, Lehrstoff und Lehrmethode erhalten. Gemeinsam könnten Lehrer und Eltern »ihrer« Schule auf diese Weise ihr eigenes Profil schaffen, wie es in den bildungspolitischen Debatten der vergangenen Jahre so oft gefordert worden ist.

Bei den akademischen Studiengängen liegen die Dinge etwas komplizierter. Da ihre Verlängerung aus den schon genannten Gründen ausscheidet, steht die Bildungspolitik hier wirklich vor der Frage, ob sie die Studienpläne und damit die Prüfungsordnungen »ausdünnen« will, ob sie nicht lieber durch eine deutliche Vermehrung der Studiengänge die Listen der Lehrveranstaltungen und Prüfungen, die der einzelne Student durchlaufen muß, »enger schneiden« will oder ob sie sich, was am wahrscheinlichsten ist, mit einer Kombination aus beiden Möglichkeiten behelfen will.

Das Geschrei der Fachverbände, der Medien und sicher auch mancher Betroffener über solche Maßnahmen läßt sich mühelos voraussehen. Aber solche Maßnahmen sind notwendig, und man sollte sie auch nicht mehr aufschieben; eine schlechte Sache wird nicht dadurch besser, daß man sie noch eine Weile weiterschleppt.

Mit verringerter Bildung und mit dem Loslassen halb ausgebildeter Akademiker auf das Berufsleben hat das alles nichts zu tun. Es ist ja schon bisher so, daß auch auf die glänzendste Diplomierung in den meisten Berufen eine berufliche Anlernphase von respektabler Dauer folgt, und in deren Verlauf lernen die jungen Akademiker Dinge, die sie in ihrem Beruf brauchen, die ihre Mitdiplomanden, die in andere Betriebe oder auch Behörden eingetreten sind, aber eben nicht benötigen. Im Fußball beginnt, wie man spätestens seit Sepp Herberger weiß, die Vorbereitung auf das nächste Spiel am Tag nach dem letzten. In der Bildung kann es nicht anders sein. Das ist kein Versagen des Bildungssystems, sondern die höchst nüchterne Konsequenz aus der Dynamisierung unserer Gesellschaften – und übrigens auch aus der These vom lebenslangen Lernen, die man in Deutschland so gern und weise in den Mund nimmt, vor deren Folgen man sich aber offensichtlich fürchtet.

Daß die Forderungen, die hier aufgestellt worden sind, selbst dann nicht die gesamte Bildungsreform umreißen, wenn sie alle erfüllt werden, versteht sich von selbst, muß hier aber noch einmal ausdrücklich betont werden. Das Entscheidende ist, was an unseren Schulen und Universitäten gelehrt wird – und ob es so gelehrt wird, daß die Schüler und Studenten es auf Dauer behalten können. Erst wenn dafür Sorge getragen ist, können sich die Bildungspolitiker wieder ihren Lieblingsthemen zuwenden: ob ein gegliedertes Schulwesen oder ein Gesamtschulwesen besser ist, ob ein gegliedertes Schulwesen zwei oder drei Schularten umfassen sollte, wie die Lehrer ausgebildet, wie sie besoldet werden sollten – und was dergleichen mehr ist.

Entscheidend ist, was die kommenden Generationen tatsächlich wissen, wenn sie das Bildungssystem verlassen. Alles andere ist von sekundärer Bedeutung.

VII.

Gedanken zur Forschungspolitik

Wenn es richtig ist, daß die Konkurrenz aus den bisherigen Schwellenmächten sich auf immer mehr Waren- und Dienstleistungsangebote erstreckt, und wenn, wie angenommen, die richtige Antwort der bisherigen Industrienationen die Entwicklung immer neuer, von den jungen Konkurrenten nicht anbietbarer Waren und Dienstleistungen ist, dann läßt sich daraus nur ein einziger Schluß ziehen: An der Entwicklung solcher neuen Angebote muß unaufhörlich und mit Hochdruck gearbeitet werden. Das bedeutet aber zugleich: Der Forschung, insbesondere der natur- und technikwissenschaftlichen Forschung, muß künftig ein deutlich höherer Rang zugemessen werden als bisher.

Es ist von zentraler Wichtigkeit, bei solchen Überlegungen von vornherein Forschung und Entwicklung im Auge zu haben. Forschung für sich ist eine angenehme und interessante Beschäftigung, und wenn sie erfolgreich ist, vor allem wenn sie auch zu anerkannten internationalen Preisen führt, kann sie das Ansehen eines Landes in der Welt deutlich anheben (was auch heute noch durchaus ein Politikum sein kann). Der internationale Konkurrenzkampf auf dem Gebiete der Wirtschaft ist aber nicht mit Forschungsergebnissen allein zu bestehen, sondern nur dann, wenn es gelingt, diese Forschungsergebnisse in attraktive Waren- und Dienstleistungsangebote zu transformieren. Man sollte, um das nie in Vergessenheit geraten zu lassen, deshalb lieber gleich von »Forschungs- und Entwicklungspolitik« sprechen – letztere natürlich in anderem Sinne als die hergebrachte Entwicklungshilfepolitik.

Forschung und Entwicklung leben mehr als von allem anderen von zwei Ressourcen: vom Geld und von den Menschen, die sie betreiben. Geld haben in den letzten zehn, 15 Jahren, wenn die einschlägigen Berichte stimmen, weder der Staat noch die Wirtschaft ausreichend in die in Frage kommenden Organisationen gesteckt; allerdings nähren neuere Berichte die Hoffnung, daß das in der Wirtschaft in letzter Zeit wieder besser wird. Da die Menge des zur Verfügung stehenden Geldes nicht nur über den Umfang und die Qualität der Forschungsanlagen und -apparaturen, sondern auch über Zahl und Qualität der dort arbeitenden Menschen entscheidet, ist damit aber zugleich die zweite, fundamentale Forschungsressource angesprochen.

Mangel an Geld, aber auch so technische Nebensächlichkeiten wie öffentliches Dienstrecht oder schlechte Beförderungsaussichten führen zu der allgemeinen Klage, daß junge, erfolgversprechende Wissenschaftler in großer Zahl nach Amerika auswandern und so der deutschen Forschung auf Dauer verlorengehen. Die Klage ist berechtigt – wenn man auch zugeben muß, daß der internationale Austausch von Wissenschaftlern ja gerade zu den Lebenselementen der Wissenschaft gehört und daß die Lücken, die dadurch in Deutschland entstehen, derzeit durch Zuwanderung aus den osteuropäischen Ländern wieder geschlossen werden. Aber das letztere ist auf Dauer keine redliche Lösung, und dem ersteren muß sowohl entschieden als auch konzentrisch entgegengearbeitet werden – sosehr ein hundertprozentiger Erfolg dabei weder wünschenswert noch erreichbar sein wird. (Das ist übrigens eine gesamtgesellschaftliche, keineswegs nur staatliche Aufgabe. Die großen Stiftungen, die es mittlerweile auch in Deutschland wieder gibt, erkennen zwar zunehmend, daß auch für sie hier eine Aufgabe ist. Es wird aber noch lange dauern, bis die deutsche Stiftungskultur die Ausmaße erreicht, die für die USA selbstverständlich sind.)

Die Beschaffung von Geld für eine wirklich zukunftsweisende Forschung und Entwicklung mag schwierig sein, und die längst fällige Entrümpelung des Dienstrechts für Wissenschaftlicher mag die Tötung diverser heiliger Kühe des Beamtenrechts voraussetzen (und daher ebenfalls schwierig sein). Die Entscheidung über jene wissenschaftlichen Fragen, die erstens allgemein und zweitens auch in wirtschaftlicher Hinsicht »zielführend« sein könnten und deren Lösung daher finanziert werden sollte, ist in Deutschland, wo der Mut zu Versuch und Irrtum weitgehend fehlt und Sicherheit immer schon verlangt wird, bevor es sie überhaupt geben kann, vollends die Quadratur des Kreises. Die Unvorhersehbarkeit künftiger Entwicklungen, von der wir schon im ersten Kapitel gesprochen haben, wirkt sich hier wahrscheinlich schlimmer aus als in allen anderen Bereichen von Staat und Gesellschaft.

Dabei ist die Antwort eigentlich ganz einfach: Wenn es über den Sinn einer Maßnahme keine nach allen Seiten abgesicherten Erkenntnisse gibt, muß man nach halbwegs begründeten Vermutungen vorgehen, also nach Wahrscheinlichkeiten. Man muß den denkbaren Nutzen eines Forschungsprojekts und die Chance, daß es sich auszahlen könnte, gegen seine Kosten abwägen, man muß, wenn die Chancen gut zu stehen scheinen, in Gottes Namen den Versuch wagen; man darf dann aber auch nie vergessen, daß es sich nur um einen Versuch handelt, und das bedeutet stets, daß er auch danebengehen kann – auch diese Erkenntnis kann übrigens ihr Geld wert sein.

Die Frage ist dann allerdings, wer über diese Fragen entscheiden soll. In der Theorie ist das eigentlich nur dann schwierig zu beantworten, wenn die Kosten des Versuchs außerordentlich hoch sind, also bei den gigantischen Anlagen, die insbesondere in der Kernphysik notwendig geworden sind. Hier muß zwangsläufig der Staat tätig werden, sowohl als Finanzier als auch als Entscheidungsinstanz, und oft reicht er nicht einmal mehr aus, sondern es wird eine internationale Zusammenarbeit erforderlich sein.

In allen anderen Fällen kann auch hier wieder nur auf dem Weg von Versuch und Irrtum – und das heißt zugleich: auf dem Weg der Konkurrenz – vorgegangen werden. Nicht zuletzt deshalb garantieren die modernen Verfassungen die Freiheit der Wissenschaft und damit das Selbstentscheidungsrecht der Universitäten (das freilich ohne Globalhaushalte – zumindest im Forschungsbereich – nicht viel wert ist), und aus dem nämlichen Grund sind in Deutschland auch die großen Forschungsorganisationen wie Max-

Planck-Gesellschaft oder Deutsche Forschungsgemeinschaft nicht zu einem einzigen riesigen Pool zusammengeschlossen, sondern auch untereinander autonom. Man kann an diesem System Detailmängel kritisieren, doch im Prinzip ist es in sich stimmig und – die Finanzausstattung vorausgesetzt – leistungsfähig.

In der öffentlichen Diskussion zu Forschungsfragen wird vielfach die Unterscheidung zwischen Zweckforschung und (zweckfreier) Grundlagenforschung verwendet und oft sogar als Ansatzpunkt für eine Zuständigkeitsverteilung zwischen Staat und Wirtschaft empfohlen: Zweckforschung nur durch die Wirtschaft, Grundlagenforschung dagegen durch den Staat. Aber die einleuchtende Verteilung der Verantwortlichkeiten läuft nicht so simpel. Auch für den Staat kann es enorm wichtig sein, Forschungsprojekte, bei denen das Ziel klar vorgegeben ist, auf den Weg zu bringen; man denke nur an Projekte im Rahmen des Umweltschutzes oder gar der Gesundheitspolitik. Warum soll der Staat eigentlich keine Forschungsaufträge zur Bekämpfung der Immunschwäche Aids vergeben können?

Dennoch wird die Wirtschaft naturgemäß eher an Projekten interessiert sein, die der Erfindung eines bestimmten Produkts oder eines Produktionsverfahrens dienen oder eine solche Erfindung zumindest wahrscheinlich machen sollen. Der Staat hält sich aus solchen sehr praxisnahen Forschungen in der Regel heraus, wenn es nicht ausnahmsweise um ein besonders drängendes Detailproblem geht (etwa in Nachkriegszeiten). Welchen Sinn hätte es, um nur das eine Beispiel zu nennen, auch gehabt, das Automobil von auf Lebenszeit angestellten Professoren entwickeln zu lassen?

In das Thema »Zweckforschung« spielt eine Frage herein, die schon gegenwärtig von großer Bedeutung ist und deren Bedeutung noch weiter anwachsen wird, je schwieriger und komplizierter die Erfindung neuer Waren- oder Dienstleistungsangebote wird. Solche Erfindungen können, idealtypisch gesprochen, ja zwei ganz verschiedene Ausgangspunkte haben: Entweder hat ein Unternehmer die Idee eines Produkts, für das er wissenschaftliche

Unterstützung braucht, oder ein Wissenschaftler ist zu einem Forschungsergebnis gelangt, dessen wirtschaftliche Verwertung er sich vorstellen kann. Da weder die meisten Unternehmer genuine Forscher noch die meisten Forscher gewitzte Unternehmer sind, besteht hier folgerichtig ein riesiger Koordinationsbedarf, dessen Deckung obendrein dadurch erschwert wird, daß es sich bei Forschern und Unternehmern meist um sehr verschiedene Personentypen handelt und daß zwischenmenschliche Zusammenarbeit ohnehin eine Übung ist, an der auch grundvernünftige Menschen kläglich scheitern können.

Hier ist wahrscheinlich ein besonders kritischer Punkt. Diese Kooperation, ja schon das Zusammenfinden der richtigen Frage mit der richtigen Antwort, wird man auf die Dauer wohl kaum dem Zufall überlassen dürfen; das würde im besten Falle zuviel Zeit, im schlechtesten Falle aber zu viele Chancen kosten. Versuche in diese Richtung gibt es seit einiger Zeit durchaus. Als ein für alle Mal richtig hat sich aber bisher noch keines der existierenden Modelle erwiesen. Wegen der Verschiedenheit der Menschen wird es wohl auch kein Idealmodell geben, sondern man wird – wieder einmal – den Weg vieler miteinander konkurrierender und einander ergänzender Versuche gehen müssen. Darum sollten sich sowohl Bund und Länder als auch die Wirtschaftskammern kümmern. Die Aufgabe ist wichtiger als vieles, was beide Seiten sonst tun.

Wer das vorliegende Buch bis hierher gelesen hat, wird wissen, wie wichtig nach der hier vertretenen Auffassung die soeben besprochene Zweckforschung zugunsten wirtschaftlicher Fortentwicklung ist. Das ist jedoch kein Grund, die Grundlagenforschung, die prinzipiell zweckfrei ist, darüber zu vergessen. Auch hier handelt es sich grundsätzlich um eine Verantwortlichkeit des Staates. Wer das bestreitet, sollte sich zumindest nicht unter jene Klageweiber einreihen, die sich mehrfach im Jahr über die geringe Zahl der gegenwärtig nach Deutschland fallenden Nobelpreise zerknirscht zeigen. Schließlich stimmt es ja auch: Ein weltweites Ansehen der deutschen Forschung stärkt nicht nur das Ansehen Deutschlands überhaupt, sondern es lädt auch zu breiter internationaler Zusammenarbeit der Wissenschaftler ein und lockt ausländische Wissenschaftler ebenso nach Deutschland, wie es abgewanderte deutsche Wissenschaftler nach Deutschland zurücklocken kann. (Übrigens ist auch das nicht nur eine staatliche, sondern auch eine gesellschaftliche Aufgabe. Wenn sich das deutsche Stiftungswesen einmal wirklich mit dem amerikanischen vergleichen könnte, käme wohl auch von ihm dringend notwendige Hilfe.)

Für deutsche Betrachter, die im allgemeinen noch an die Segnungen bürokratischer Planung, Steuerung und Kontrolle glauben, wird das, was jetzt folgt, schwer zu begreifen sein. Vor einigen Jahren kam es in Lindau am Bodensee bei einem der dort alljährlich stattfindenden Nobelpreisträger-Treffen zum Auftritt von mehr als zehn Laureaten, die alle über die Arbeiten sprachen, auf Grund deren ihnen der Nobelpreis verliehen wurde, die im Zusammenhang damit aber auch über ihre Geldgeber und die von diesen gestellten Vorbedingungen berichteten. Unisono haben diese großen Wissenschaftler bekundet, daß die Geldgeber, die aus den verschiedensten öffentlichen und privaten Bereichen kamen, ihnen die zum Erfolg führenden Forschungen ohne thematische Beschränkungen und ohne Auflagen finanziert hätten, also ausschließlich im Vertrauen auf ihr schon vorher bekanntes Können und in der Überzeugung, daß für die Menschheit Gutes entstehen werde. Und von fast allen preisgekrönten Arbeiten konnte man schon damals sagen, daß sich aus ihnen auch wertvolle Nutzanwendungen ergeben hätten.

Man kann daraus zweierlei lernen: Erstens daß Grundlagenforschung auch heute noch unerläßlich ist, und zweitens, daß die Unabsehbarkeit ihres Nutzens kein durchschlagendes Argument gegen sie und ihre Finanzierung ist. Etwas härter ausgedrückt: Wenn man in der Forschung immer vorher wüßte, was nachher herauskommt, brauchte man sie ja gar nicht, und auf eine dumme Frage gibt es keine intelligente Antwort!

Zum Ende dieses Kapitels nur noch eine kurze Erinnerung: Daß hier fast nur von den naturwissenschaftlichen und technischen Disziplinen die Rede ist, richtet sich in keiner Weise gegen die Sozial- und Geisteswissenschaften.

VIII.

Beweglicher Staat

Unsere Leser werden sich daran erinnern: Unsere Plädoyers für eine offene, freiheitliche Gesellschaft und ihr »Untersystem«, die freiheitliche Marktwirtschaft, waren Antworten auf die zunehmende Dynamisierung der modernen Gesellschaften und die daraus resultierende Notwendigkeit rascher, problemangepaßter Entscheidungen. Der freiheitlichen Gesellschaft und ebenso der freiheitlichen Wirtschaft ist deutlich mehr von diesen Fähigkeiten zuzutrauen als jeder anderen Gesellschaftsform und Wirtschaftsordnung.

Was für die Gesellschaft recht ist, muß für den Staat dann aber billig sein. Daß es auch in der freiheitlichsten Gesellschaftsordnung einen Staat geben muß, der sie nach innen und außen schützt, für die Beachtung ihrer fundamentalen Regeln sorgt und weitere Aufgaben wahrnimmt, zu deren Erfüllung sie selbst nicht imstande wäre, ist, wie gezeigt, eine Selbstverständlichkeit. Selbst wenn man das bereitwillig einräumt, ist aber zu bedenken, daß es dann auch auf die Handlungsgeschwindigkeit des Staates ankommt und daß diese ebenfalls um so größer sein wird, je mehr einzelne Hoheitsträger bestehen und in ihrem Wirkungskreis autonom entscheiden können. Je unübersichtlicher die Gesellschaft wird, je weniger Problemsituationen vorhergesehen werden können und je rascher gegebenenfalls reagiert werden muß, desto mehr selbständige Akteure muß es auch auf staatlicher Seite geben.

Dezentralisierung

Der offenen Gesellschaft entspricht also der dezentralisierte Staat – jedenfalls sollte er ihr entsprechen. Die politische Praxis ist davon meilenweit entfernt.

Die Vorteile der Dezentralisierung liegen auf der Hand. Je mehr Hoheitsträger es gibt, desto näher stehen sie dem einzelnen Problem, »wissen« sie also »Bescheid«. Reagieren nicht alle gleich, so können doch wenigstens einzelne von ihnen Lösungen erarbeiten und erproben, denen sich dann andere anschließen können. Geht ein solcher Versuch daneben, so ist der Schaden, der angerichtet wird, geringer und folgerichtig für die Gesamtgesellschaft leichter zu verkraften als bei einer zentralistischen Lösung. Und schließlich üben die Konkurrenzverhältnisse, die auch zwischen den einzelnen Hoheitsträgern entstehen, auf jeden von ihnen einen recht heilsamen Konkurrenzdruck aus!

Allerdings reicht es zur Sicherstellung dieser Ziele nicht, daß es in einem Staat einfach mehrere Hoheitsträger mit unterschiedlichen Zuständigkeiten nebeneinander gibt. Das wenigstens ist in Deutschland ja der Fall: Schon die staatliche Ebene ist hierzulande auf den Bund und die 16 Länder aufgeteilt. Dazu kommen dann noch einige hundert Landkreise und mehrere tausend Gemeinden, sonstige Körperschaften und Anstalten des öffentlichen Rechts, halbautonome Einrichtungen und was dergleichen mehr ist – von der »europäischen Ebene« einmal ganz abgesehen.

All diese organisatorischen Größen könnten durchaus ein dezentralisiertes Staatswesen im hier beschriebenen Sinne ergeben. Dazu müßten sie aber eine ganz erhebliche Entscheidungsfreiheit und Flexibilität erhalten, um mit den Entscheidungsträgern von Wirtschaft und Gesellschaft mithalten zu können. Damit hat es jedoch gute Wege.

Keiner von ihnen kann, wenn es darauf ankommt, wirklich schnell handeln. Denn die Dezentralisierung, die heute in Deutschland besteht, dient sehr viel weniger der Teilung von Macht und Verantwortlichkeit als ihrer Verschränkung, das heißt der gegenseitigen Kontrolle. Greifen wir das Beispiel der Kommunalpolitik heraus: Eine deutsche Gemeinde kann praktisch keine für ihr Leben, ihre Entwicklung und ihre Zukunft wichtige Entscheidung allein treffen. Zuerst ist sie an Myriaden nationaler und europäischer Vorschriften gebunden. Sodann braucht sie für jede wichtigere Entscheidung eine staatliche Genehmigung, zumindest aber steht sie unter staatlicher Aufsicht, das heißt, sie muß mit staatlichen Kontrollen und Beanstandungen rechnen. Schließlich kann sie fast nichts mehr allein finanzieren, sondern sie wird durch staatliche Zuweisungen einerseits unterstützt, andererseits aber auch gegängelt.

Das Problem liegt nicht, wie man zunächst annehmen möchte, bei der Dezentralisierung selbst und auch nicht bei deren gewaltenteilenden Effekten. Gewaltenteilung ist auch im modernsten Staat unverzichtbar, weil sie die Machtfülle des einzelnen Gewaltinhabers reduziert und damit einerseits die Verführung zum Machtmißbrauch verringert, andererseits die Gefährlichkeit eines solchen Machtmißbrauchs, wenn er denn vorkommen sollte, in Grenzen hält. Von Übel ist aber die Gewaltenverschränkung, das heißt die Beteiligung zweier oder gar mehrerer Gewaltinhaber an ein und derselben Entscheidung.

Auch diese hat natürlich ihre guten Gründe: Wenn mehrere an einer Entscheidung beteiligt sind, wird die Gefahr von Fehlern kleiner, weil »vier Augen mehr sehen als zwei«. Nur darf es dann nicht allzusehr auf das Tempo ankommen, mit dem entschieden wird; denn selbstverständlich gibt es in solchen Fällen auch Bedarf an Rücksprachen, gemeinsamen Beratungen und Kompromißverhandlungen. In dem Maße, in dem sich sowohl Probleme wie Chancen in relativ kurzer Zeit ergeben und in dieser kurzen Zeit auch gelöst bzw. genutzt werden müssen, wird Gewaltenverschränkung also selbst zum Problem. Sie wandelt sich von einem Element der Sorgfalt zu einem Element des Zauderns und Versäumens, und da, wie im ersten Kapitel gezeigt worden ist, die Beschleunigung gesellschaftlicher Entwicklungen stets zunimmt, wird sich auch die Richtigkeit dieser These künftig immer öfter und nachdrücklicher erweisen.

Drücken wir die Sache hart aus: Es ist durchaus möglich, daß es in Zukunft immer mehr auf rasche und entschlossene Entscheidungen ankommt, selbst wenn deren sachliche Richtigkeit teilweise offenbleiben muß. Das setzt dann aber eine öffentliche Organisation voraus, in der Entscheidungen im Regelfall nur von einer einzigen Stelle getroffen werden, gleich wie hoch sie angesiedelt ist.

Reform des Bundesstaates

Dieser Gedanke müßte nun eigentlich für alle Bereiche der öffentlichen Organisation durchgespielt werden. Das soll unseren Lesern allerdings erspart bleiben. Statt dessen sollen die wesentlichen Fragen anhand des bekanntesten Beispiels von Dezentralisierung aufgezeigt werden, das Deutschland zu bieten hat: anhand der Bundesstaatlichkeit.

Das erste Thema bildet hier der Bundesrat, in dem die Regierungen aller 16 Länder vertreten sind und durch den die Länder an der Willensbildung des Bundes teilnehmen.

Der Bundesrat gerät besonders dann ins Blickfeld der kritischen Öffentlichkeit, wenn seine Mehrheit einer anderen Partei angehört als die Mehrheit des Bundestages und dementsprechend die Bundesregierung, und da viele deutsche Wähler nach allen Erfahrungen in den Landtagswahlen bewußt anders wählen als in der Bundestagswahl, geschieht das ziemlich oft. Wird über das Thema aber erst einmal gesprochen, so stellt sich sehr schnell heraus, daß die Zahl der Gesetze, für die die Zustimmung des Bundesrates notwendig ist und dieser also ein echtes Vetorecht hat, unverhältnismäßig groß ist (etwa 60 Prozent), während man bei der Abfassung der Bundesratsartikel im Parlamentarischen Rat nur mit etwa zehn Prozent solcher »Zustimmungsgesetze« gerechnet hat.

Fragt man dann weiter, woher das kommt, so stellt sich folgendes heraus: Nur ein geringer Teil der Zustimmungsgesetze bezieht sich auf zentrale, etwa finanzielle Probleme, die natürlich für beide Seiten gleich wichtig sind und daher wirklich auf gleicher Augenhöhe durch Kompromisse geregelt werden müssen. Die weitaus meisten Gesetze benötigen die Zustimmung des Bundesrates nur deshalb, weil sich in ihnen an irgendeiner Stelle ein paar Vorschriften über die Behördenorganisation oder das Verwaltungsverfahren befinden, die zum Vollzug des Gesetzes erforderlich sind, und weil das Grundgesetz anordnet, daß in solchen Fällen das gesamte Gesetz mit seinen oft Hunderten von Paragraphen zustimmungsbedürftig sein soll.

Hier wackelt der Schwanz mit dem Hund. Das ganze Problem ließe sich einfach dadurch vermeiden, daß der Bund auf derlei schulmeisterliche Bestimmungen verzichtet. Die Bundeskanzler Helmut Schmidt und Helmut Kohl haben das in Zeiten des größten Konflikts mit einer andersfarbigen Bundesratsmehrheit auch lautstark angekündigt. Geschehen ist aber nichts; offenbar war der Drang der Ministerialbeamten und Abgeordneten zu groß, auch noch solche Bagatellen zu regeln, die man getrost den Ländern und ihrer administrativen Erfahrung überlassen könnte.

Trotzdem ließe sich das Problem leicht lösen, allerdings auf dem Weg der Verfassungsänderung. Man müßte nur die Bestimmungen des Grundgesetzes aufheben, die dem Bund das Recht geben, in die Verwaltungszuständigkeit der Länder hineinzuregieren. Dann wären die Länder zufrieden, weil die ja nun wirklich selbst wissen, wie sie Gesetze zu vollziehen haben. Zufrieden sein könnte aber auch der Bund, weil die Zahl der Zustimmungsgesetze dann mit Sicherheit wieder auf das Normalmaß schrumpfen würde, von dem die Väter und Mütter des Grundgesetzes einst ausgegangen sind.

Der deutsche Bundesstaat würde aber noch eine andere, viel grundsätzlichere Kur vertragen. Die Verteilung der Zuständigkeiten zwischen Bund und Ländern ist im Grundgesetz so angelegt, daß beide Seiten meistens zur Kooperation verurteilt sind. Für den Erlaß von Gesetzen ist in aller Regel der Bund zuständig, vollzogen werden diese Gesetze aber – ebenfalls in aller Regel – von den Behörden der Länder, denen der Bund durch Verwaltungsvorschriften zusätzlich noch Weisungen erteilen kann, und die Verantwortung für die dabei entstehenden Kosten ist wiederum nach einem eigenen, davon völlig unabhängigen System auf beide Seiten verteilt. Von klaren Verantwortlichkeiten kann da keine Rede sein, und noch abstruser wird es, wenn sich ein Bürger mit einer Klage an die Verwaltungsgerichte wendet. Erhält er recht, so verliert den Prozeß mit allen Kostenfolgen das Land, obwohl der Grund für das Urteil ohne weiteres auch vom Bund verschuldet sein kann. Diese Regelung ist schon für sich gesehen unsinnig, sie verhindert daneben, zumindest in komplizierten Fällen, aber auch rasche und entschlossene Entscheidungen. Das übliche Hin und Her bei der Verwaltung von Kernkraftwerken ist ein wenig ansprechender Beweis dafür.

Es gibt einen ganz einfachen Weg, um dieses Kompetenzdurcheinander zu beheben, klare Verantwortlichkeiten zu schaffen und damit zugleich rasche Entscheidungen sicherzustellen – aber er verlangt eine Verfassungsänderung größeren Umfangs. Vorbild könnten die USA sein, wo die Zuständigkeiten für Gesetzgebung, Verwaltung und Finanzierung nicht jeweils für sich (und nach verschiedenen Prinzipien) auf Bund und Länder verteilt werden. Dort werden die Sachgebiete als solche verteilt. Ist der Bund für eines zuständig, dann erläßt er die dafür nötigen Gesetze, vollzieht diese Gesetze durch eigene Bundesbehörden und zahlt auch die Kosten aus seiner eigenen Kasse. Die Länder (die »states«) tun das gleiche auf den Sachgebieten, die ihnen zustehen.

Es ist schwer einzusehen, warum ein so einfaches System nicht auch in Deutschland möglich sein sollte. Zugegeben: Es verlangt eine grundsätzliche Neuregelung im Grundgesetz und außerdem noch die »Umbettung« der zuständigen Behörden und ihrer Beamten in solchen Fällen, in denen eine Verwaltungszuständigkeit entweder nach »unten« oder nach »oben« abwandert. Das würde anfangs wahrscheinlich einige Unruhe verursachen, aber der Vorteil wäre größer, und vor allem: Er bestünde auf Dauer. Und: Ein Finanzausgleich zwischen »reichen« und »armen« Ländern wäre durch eine solche echte Reform des Grundgesetzes nicht ausgeschlossen.

Flache Organisation

Eine andere Reform, die dringend notwendig wäre, betrifft die Verwaltung, und zwar sowohl die des Bundes als auch die der Länder. Der Verwaltung wird ja allgemein eine Neigung zur Konservativität, zum Bürokratismus und damit zur Unbeweglichkeit vorgeworfen.

Natürlich kann jeder, der einmal mit einer Behörde zu tun hatte, Fälle oder auch Personen benennen, die solche Klischees bestätigen. Das ist aber nur die eine Seite der Medaille. In Wirklichkeit gibt es genug Beamte, die herannahende Probleme frühzeitig erkennen und auch Vorschläge zu ihrer Behebung entwickeln, und mit sich abzeichnenden Chancen ist es genauso.

Fragt sich nur, warum unsere Verwaltungen dann trotzdem so oft und so nachhaltig den Eindruck der Starre und Unbeweglichkeit erwecken. Dafür gibt es viele Gründe, die sich gewiß auch nicht alle durch Gesetz beseitigen lassen. Dem wichtigsten wäre so aber durchaus beizukommen. Um das zu zeigen, müssen wir ein kleines Gedankenspiel anstellen.

Wir gehen zu diesem Zweck davon aus, daß jeder Beamte in gleicher Intensität für und gegen Neuerungen in seinem Arbeitsgebiet ist (was man – vielleicht – als etwas optimistisch betrachten kann). Was geschieht dann – beispielsweise – in einem großen Bundesministerium?

Die Wahrscheinlichkeit, daß der Referent A ein Problem erkennt und Pläne zu seiner Behebung entwickelt, liegt also bei 50 Prozent. Er legt, weil er nur Referent ist, die Sache seinem Referatsleiter, dem Beamten B, vor, natürlich mit der Bitte, die Sache zu prüfen und gegebenenfalls »nach oben« weiterzugeben. Da die Bereitschaft des Beamten B nach unserer Annahme ebenfalls bei 50 Prozent liegt, berechnet sich die Wahrscheinlichkeit, daß der Reformvorschlag die nächsthöhere Stufe erreicht, also auf 25 Prozent, und so geht das weiter. Beim Beamten C, seines Zeichens Unterabteilungsleiter, schrumpft die Wahrscheinlichkeit auf 12,5 Prozent, beim Abteilungsleiter D auf 6,25 Prozent, bei dessen Vorgesetztem, dem Staatssekretär E, auf 3,125 Prozent, und ob dessen Chef, der Minister F, bereit und politisch stark genug ist, um die Sache schließlich »ins Kabinett« zu bringen, ist dann auch noch nicht ausgemacht. In der umgekehrten Richtung, wenn also vom Minister oder einem Staatssekretär eine Initiative nach unten ausgeht, liegen die Dinge nicht sehr viel besser. Deshalb versickern so viele politische Initiativen in irgendeinem »Bermuda-Dreieck«.

Fachleute fordern deshalb seit geraumer Zeit, daß die öffentlichen Verwaltungen »flacher« werden müssen, daß sie also, um in unserem Beispiel zu bleiben, eine oder zwei Stufen weniger besitzen sollten. Man kann das nur unterstützen, jedenfalls dann, wenn man die Analyse des ersten Kapitels teilt, daß sich Probleme und Chancen in Zukunft mit immer größerer Geschwindigkeit einstellen werden und rasche Entscheidungen daher immer wichtiger werden. Auch hier gäbe es natürlich Schwierigkeiten, etwa die, daß eine solche Verwaltungsreform – nicht notwendig, aber doch sehr wahrscheinlich – Folgen für das Besoldungs- und vor allem Beförderungsgefüge der Beamtenschaft hätte. Aber das ist ein geringes Bedenken, das sich gewiß auf faire Weise ausräumen ließe.

Vielleicht ist unseren Lesern aber doch aufgefallen, daß jetzt schon zum zweiten Mal auf Schwierigkeiten hingewiesen wurde, die sich einer Reform von seiten der Beamtenschaft entgegenstellen könnten. Das mag einige Überlegungen zu diesem Thema heraus fordern.

Es soll bei diesen Überlegungen nicht, wie der Leser vielleicht vermutet, um Besoldungsfragen, auch nicht um die dramatisch ansteigenden Versorgungslasten gehen. Das sind zwar, wie jeder zugeben wird, gewiß schwerwiegende Probleme, sie werden jedoch in dem Maße, in dem die Finanzlage des Bundes und der Länder sich weiter verschlechtert, Schritt für Schritt auch gelöst werden. Grundsätzliche Entscheidungen werden vielmehr durch zwei andere Gesichtspunkte notwendig:

1. In der öffentlichen Diskussion taucht immer wieder einmal der Gedanke auf, daß der Beamte in vielen Bereichen durch den Angestellten des öffentlichen Dienstes ersetzt werden sollte, weil das einerseits billiger sei und weil man dann andererseits unfähige Dienstnehmer leichter loswerden könne. Das sind beides verständliche Überlegungen, aber sie treffen doch nur sehr bedingt wirklich den Punkt. Angestellte sind in aller Regel nicht billiger als Beamte. Wer etwas anderes behauptet, übersieht wahrscheinlich, daß es für sie eine Zusatzversorgung gibt, die ihre Altersversorgung auf den Stand der Beamtenversorgung bringt. Und auch die Entlassung von Angestellten, zumindest von solchen, die schon eine Reihe von Jahren im Dienst sind, ist nicht so einfach, wie oft getan wird: Der Kündigungsschutz hat ja auch im Arbeitsrecht Ausmaße erreicht, die die Entlassung von Arbeitnehmern kaum mehr zulassen. So einfach sind die Probleme also nicht. Es wäre schon eine generelle und tiefgreifende Reform des gesamten Dienst- und Arbeitsrechts notwendig, wenn es hier wirklich zu einer wirksamen Abhilfe kommen soll.

2. Bei den Beamten kommt freilich noch eine besondere Schwierigkeit hinzu, die sie in den vergangenen Jahrzehnten denn auch weidlich ausgenutzt haben. Artikel 33 Absatz 5 des Grundgesetzes bestimmt nämlich, daß das Recht des öffentlichen Dienstes »unter Berücksichtigung der hergebrachten Grundsätze des Berufsbeamtentums« zu regeln ist, und die Beamtenverbände sind in der Tat nicht selten der Versuchung erlegen, alles, was sie für gut und richtig hielten, kurzerhand zum hergebrachten Grundsatz des Berufsbeamtentums zu erklären; bei den Vorschlägen, die wir in den beiden vorstehenden Abschnitten gemacht haben, dürfte diese Gefahr ebenfalls ziemlich naheliegen. Diese Frage muß endlich einmal ausdiskutiert und einer Klärung zugeführt werden. Wie immer das Ergebnis dann aussehen mag – es geht nicht an, daß eine für die Lebensfähigkeit unseres gesamten politischen Systems so zentrale Frage wie die nach der Flexibilität staatlichen Entscheidens auf die Dauer ohne klare beamtenrechtliche Maßgaben diskutiert und beantwortet werden muß. Man mag klar, kurz und bündig fest-

legen, was hergebrachte Grundsätze des Berufsbeamtentums sind und was nicht, dann sind auch klare Lösungen der anstehenden Probleme möglich. Aber es geht nicht an, solche Fragen der jeweiligen politischen Diskussionslage zu überlassen und sie letztlich der Einzelfallentscheidung oberer Gerichte zu überantworten.

Weniger Vorschriften – kürzere Verfahren

Die freie Entwicklung unserer Gesellschaft und unserer Wirtschaft wird auch durch die Flut von Gesetzen, Verordnungen, Erlassen, Rundschreiben und richterlichen Grundsatzentscheidungen bedroht, die dieser Staat unaufhörlich produziert und die auch solche unternehmerische Entscheidungen abwürgen oder zumindest verzögern, bei denen rasches und entschiedenes Handeln nötig und gewinnbringend wäre. Das ist heute ein ganz ernstes Thema und wirkt sich nicht nur dort aus, wo die Unternehmer am meisten und bewegendsten klagen, nämlich im Steuerrecht und im Arbeitsrecht.

Natürlich kann man eine so komplizierte Gesellschaft wie die unsere nicht mit den Zehn Geboten und auch nicht mit zehn oder 20 Gesetzen ordnen und regieren, und es trifft auch zu, daß die bekannten Unklarheiten und Unübersichtlichkeiten des Steuer- und Abgabenrechts in vielen Fällen genauso lähmend wirken wie die nicht weniger bekannten Übertreibungen des Arbeitsrechts. Aber das Problem muß prinzipieller angegangen werden, vielleicht nicht einmal zuerst auf den schwierigsten und politisch empfindlichsten Gebieten. Es gibt nämlich fast kein Sachgebiet, auf dem es nicht eine überragende Rolle spielen würde, am meisten für den Mittelstand, der davon am schwersten getroffen wird. Und was das Schlimmste ist: Die meisten von diesen Bestimmungen entspringen weder der Willkür und Weltfremdheit von Beamten noch der von Abgeordneten, sondern sie verfolgen, für sich gesehen, jeweils ganz vernünftige Zwecke. Nur in ihrer Summierung wirken sie tödlich – »Vernunft wird Unsinn, Wohltat Plage«.

Wahrscheinlich kann man dieser zutiefst irrationalen Summierung auch nur irrational begegnen. Es reicht schwerlich aus, jede einzelne Vorschrift auf ihre Vernünftigkeit und Notwendigkeit abzuklopfen und nur solche zu beseitigen, deren Unvernunft und Überflüssigkeit eindeutig erwiesen ist; das ist in den vergangenen Jahren immer wieder versucht worden und hat im Endeffekt zu nichts geführt. Wo das Normengeflecht zu dick ist, muß man, zumindest nebenher, auch an die andere Methode denken: die einschlägigen Normen auf ein bestimmtes Zahlenmaß zu reduzieren und dabei auch auf solche Bestimmungen zu verzichten, deren Überflüssigkeit man nur vermuten kann. Das kann dann zwar zu Irrtümern führen, aber das ist ja auch nicht das letzte Wort in dieser Angelegenheit. Wird auf diese Weise die eine oder andere Vorschrift aufgehoben, die sich dann wirklich als wichtig erweist, so muß man sie eben wieder in Kraft setzen. Das mag dann zwar unschön aussehen. Aber erstens ist die heutige, durch Übernormierung gekennzeichnete Situation auch nicht schön, und zweitens sind unsere Bürger ja auch schon daran gewöhnt, daß der Gesetzgeber seine eigenen Produkte nachbessert, ehe sie überhaupt in Kraft getreten sind. Was zählt, ist ausschließlich der befreiende Effekt, der von einer ernsthaften Ausdünnung unserer Gesetzesordnung ausgeht.

Freilich ist hier auch der einzelne Bürger und vor allem der einzelne Unternehmer gefordert. Die bestehende Rechtsordnung ist ja vor allem deshalb so kompliziert, weil immer neue Konkretisierungen, Differenzierungen und Ausnahmevorschriften in sie aufgenommen werden müssen, und die verlangt im allgemeinen kein Beamter und kein Abgeordneter von sich aus, sondern der einzelne Bürger, gerade auch der einzelne Unternehmer und vor allem sein jeweiliger Interessenverband, indem sie den Abgeordneten, Regierungsmitgliedern und Ministerialbeamten mit ihren Wünschen nach ganz spezieller »Einzelfallgerechtigkeit« so lange in den Ohren liegen, bis diese weich werden oder bis endlich ein Obergericht eine solche Novellierung gebietet.

Es ist schon richtig, daß sich die Gerichte – bis hinauf zum Bundesverfassungsgericht – nach Leibeskräften an der Verkomplizierung der Rechtsordnung beteiligt haben und noch weiter beteiligen. Bevor sie entscheiden, muß aber irgendein Bürger oder irgendein Verband sie angerufen haben – wo kein Kläger, da schließlich kein Richter.

Diese Erkenntnis hat dann allerdings ihre Weiterungen. Wenn es gelänge, die Rechtsordnung wirklich einmal so auszudünnen, daß sie der Wirtschaft die nötige Freiheit ließe, so müßte, damit das hier dargestellte Spiel nicht sogleich wieder beginnt, gleichzeitig nicht nur die Zahl der Gerichtsinstanzen deutlich verringert werden, sondern auch das Recht des Bürgers, sich klagend an die Gerichte zu wenden. Das soll kein Angriff auf den berühmten Artikel 19 Absatz 4 des Grundgesetzes sein, der dem Bürger den Zugang zum Gericht garantiert, wenn er sich durch die Verwaltung in seinen Rechten beeinträchtigt fühlt. Aber man sollte sich wieder einmal daran erinnern, daß diese Rechte, mit Ausnahme der Grundrechte natürlich, nicht unveränderlich vorgegeben sind, sondern vom Gesetzgeber nach eigenem Ermessen geschaffen werden. Wenn sich dieser dabei etwas zurückhalten würde, könnte das auch der Beweglichkeit unseres Staates durchaus nicht schaden.

Von der Bürokratie, das heißt von der Verwaltung im engeren Sinne, war bisher nur wenig die Rede. Wir wollen das Thema auch hier nicht bis in seine letzten Verästelungen untersuchen, zumal es, wie sich soeben gezeigt hat, meist die normsetzenden Staatsorgane sind, die aus der deutschen Verwaltung erst eine deutsche Bürokratie machen – weniger Vorschriften würden eben auch weniger Bürokratie bedeuten. Ein paar Worte müssen wir aber wenigstens auf die Länge der Verwaltungsverfahren, besonders der Genehmigungsverfahren, verwenden.

Viele Verwaltungsverfahren sind ganz einfach zu langwierig, und wenn es sich dabei um gewerbliche oder auch wissenschaftliche Vorhaben handelt, ist der Zusammenhang mit unserem Generalthema ohne weiteres erkennbar. Selbstverständlich gibt es Genehmigungsverfahren auf hochkomplexen Sachgebieten, die folgerichtig nicht schnell zur Entscheidung gebracht werden können. Ist die Kompliziertheit vom Gesetzgeber gemacht, so muß sich auch die Kritik an diesen richten; ergibt sie sich aber aus der Natur der Sache, so wird sie einfach hinzunehmen sein.

Aber es gibt genug Verzögerungsgründe, die die Verwaltung selbst zu vertreten hat: schlechte Organisation und schlechte Führung der entscheidenden Behörde, zuviel Nachgiebigkeit gegenüber den Verfahrensbeteiligten, insbesondere wenn diese spezielle Terminwünsche äußern (nachher beschweren sich oft die gleichen Leute über Verfahrensverschleppung!). Dazu kommt die Behördenangst vor schwierigen Entscheidungen, besonders wenn es sich um Verfahren handelt, in denen die Politik, die Medien oder beide beträchtlichen Druck ausüben. Auch die gar nicht seltene Erfahrung, daß Abgeordnete zunächst im Parlament Gesetze machen und nachher die Verwaltung, wenn sie sich an diese hält, als welt- und lebensfremd beschimpfen, ist nicht dazu angetan, diese Angst zu mildern.

Ein ganz spezieller Grund für die Verschleppung von Verwaltungsverfahren sind die zahlreichen – fast ist man versucht zu sagen: die zahllosen – Anhörungs-, Mitzeichnungs- und Mitentscheidungsrechte von anderen Behörden oder von Verbänden. Hier ist gewiß manches vernünftig und also unverzichtbar. Ebenso ist vieles aber auch nur ins Kraut geschossen und damit sehr wohl verzichtbar. Hier müßte ein Versuch, die Verwaltung wieder beweglicher zu machen, ebenfalls ansetzen. Ob es sinnvoll und machbar ist, alle einschlägigen Bestimmungen einzeln darauf abzuklopfen, ob man sie wirklich braucht oder nicht, läßt sich abstrakt schwer entscheiden. Möglich wäre aber zumindest eine neue Verfahrensvorschrift, die absolut entspannend wirken würde: Sie müßte solchen Mitwirkungsrechten im Normalfall eine vierwöchige Frist setzen – mit der selbstverständlichen Folge, daß später nicht mehr auf sie Rücksicht genommen wird. Das wäre eine ganz einfache Reform. Sie würde nur einen Paragraphen in den Verwaltungsverfahrensgesetzen des Bundes und der Länder kosten.

Raschere Gesetzgebung?

Die übertriebene Normenproduktion des heutigen Staates hat übrigens noch eine weitere Seite, die bisher nicht erwähnt worden ist, die aber im Hinblick auf die Dynamisierung der modernen Gesellschaften und vor allem auf die wachsende Beschleunigung dieses Vorgangs von großer Bedeutung ist. Die Masse der Vorschriften beengt ja nicht nur die freie Entfaltung von Wirtschaft und Gesellschaft, sondern sie belastet auch die Parlamente über jedes vernünftige Maß hinaus und schadet damit zugleich der Qualität der Gesetzgebungsarbeit.

Nun kann man solchen Überlegungen entgegenhalten, daß – beispielsweise – der Bundestag ohnehin schon weitgehend entlastet werde, einerseits durch die immer stärker in den Vordergrund tretende Rechtsetzungstätigkeit der Brüsseler EU-Organe und andererseits durch die hier vorgeschlagene Verlagerung von Entscheidungskompetenzen auf die Länder. Trotzdem ist es keineswegs sinnlos, die Frage einer weiteren (oder auch nur alternativen) Entlastung hier kurz zu ventilieren.

Der einfachste Weg hierzu wäre natürlich die Straffung und Abkürzung des althergebrachten Gesetzgebungsverfahrens. Ob die in der Parlaments-Geschäftsordnung vorgesehenen drei Lesungen im Plenum (von denen die erste allerdings schon heute eine reine Formalie geworden ist) wirklich nötig sind – zumal die Hauptarbeit, wie jedermann weiß, ohnehin meist in den Ausschüssen geleistet wird –, sollte von erfahrenen Praktikern doch gelegentlich (und ernstlich) überprüft werden.

Man mag diesen Vorschlag nicht für sehr zielführend halten (und er ist es wahrscheinlich auch nicht). Ein anderer, freilich sehr viel komplizierterer, trifft aber auf eine wesentliche Crux unserer heutigen Gesetzgebung. Das läßt sich am besten an einer in der Öffentlichkeit immer wieder aufs neue wiederkehrenden Redensart »festmachen«, die darauf hinausläuft, daß es in unserem Staat »zu viele Gesetze« gebe. Das trifft, wenn man die Dinge realistisch betrachtet, zu und gleichzeitig auch wieder nicht; es kommt nur darauf an, ob man unter »Gesetz« einen abgeschlossenen, vollständigen Gesetzestext oder die einzelne Gesetzesvorschrift versteht. Wer das Bundesgesetzblatt etwas genauer durchsieht, wird zu dem Ergebnis gelangen, daß kaum eines der Gesetze, die dort im Register aufgeführt werden, wirklich überflüssig ist. Wenn er sich die Gesetze dann aber genau anschaut, wird ihm recht schnell der Verdacht kommen, daß die meisten von ihnen zu lang sind, zu viele Einzelbestimmungen enthalten und gerade dadurch einengend wirken.

Man könnte nun versucht sein, das für eine Folge der typisch deutschen Gründlichkeit oder gar eines »furor legislativus Germanicus« zu halten, und so weit hergeholt wäre das ja auch nicht. Aber die Dinge liegen doch etwas tiefer. Sie kommen zutiefst aus der deutschen Geschichte des 19. und 20. Jahrhunderts, und es ist schon die Frage, ob es nicht sinnvoll wäre, sich von manchen dieser historisch gewachsenen Hypotheken zu befreien.

Hätten die Verfassungsschöpfer der nachnapoleonischen Zeit in Deutschland ihre Verfassungen gleichsam auf der grünen Wiese konzipieren können, so hätten sie sich wahrscheinlich auf die klare Gewaltenteilung der US-Verfassung oder zumindest auf das parlamentarische Regierungssystem geeinigt, das sich damals in Großbritannien schon herausgebildet hatte. Gesetze wurden dem Grundsatz nach vom Parlament erlassen. Da man unter Gesetzgebung aber praktisch nur Zivil- und Strafrechtsetzung verstand, unterstand die gesamte Verwaltung allein der Regierung, d. h. in den USA dem vom Volk gewählten Präsidenten, in Großbritannien zwar dem Ministerkabinett des Königs, das aber vom Parlament jederzeit gestürzt werden konnte.

So stark waren die deutschen Parlamente des 19. Jahrhunderts nicht. Sie hatten weder unmittelbar noch mittelbar Zugriff auf die Exekutive und waren auch nur gleichberechtigt neben einem Oberhaus und dem Monarchen an der Gesetzgebung beteiligt. Gegen ihr Votum konnte allerdings kein Gesetz erlassen werden. Das war ihre Chance: Wenn es ihnen gelang, den Bereich, in dem ein Gesetz notwendig war, zu erweitern, war das immer zugleich eine Erweiterung ihres politischen Gewichts.

Nun stand in den meisten Verfassungen des frühen 19. Jahrhunderts, daß in Freiheit und Eigentum des Bürgers nur durch Gesetz eingegriffen werden dürfe. Damit waren ursprünglich zwar nur Verhaftungen und Grundstücksenteignungen, äußerstenfalls noch Steuervorschriften gemeint. In jahrzehntelangen Kämpfen, in denen mit allen Mitteln der Verfassungsinterpretation gearbeitet wurde, gelang es den Parlamenten aber, die Ansicht durchzusetzen, daß jede Belastung des Bürgers (jeder belastende Verwaltungsakt) zumindest eine »gesetzliche Grundlage« brauchte. Damit hatten sie die Exekutive jedenfalls zum Teil in der Hand: Belastungen des Bürgers durch die Verwaltung konnte es ohne vorhergehende gesetzliche Einverständniserklärung des Parlaments nicht mehr geben.

Damit wäre die Sache an sich gut gewesen, und als die Weimarer Reichsverfassung von 1919 sowohl ein striktes parlamentarisches Regierungssystem als auch einen vom Volk gewählten Reichspräsidenten schuf, hätte man diesen typisch deutschen Umweg zur Demokratisierung eigentlich wieder aufgeben können. Das geschah aber nicht, und es geschah auch nicht, als das Bonner Grundgesetz 30 Jahre später ähnliche demokratische Verhältnisse schuf. Die Entwicklung lief vielmehr genau in die umgekehrte Richtung. Schon das Grundgesetz selbst verlangte vom Gesetzgeber, daß Vorschriften, durch die die Regierung zum Erlaß von Rechtsverordnungen ermächtigt wird, »Inhalt, Zweck und Ausmaß« dieser Ermächtigung festlegen müssen. Das Bundesverfassungsgericht ging frühzeitig noch einen Schritt weiter, indem es diese Bestimmung auch auf Vorschriften anwandte, durch die die Verwaltung zum Erlaß von Verwaltungsakten ermächtigt wird. Und damit nicht genug: In seiner späteren Rechtsprechung hat das Gericht diese Forderung noch durch die »Wesentlichkeitstheorie« unterstrichen, nach der gesetzliche Ermächtigungen gegenüber der Verwaltung so konkret ausgestaltet sein müssen, daß alle wesentlichen Entscheidungen nicht erst in der Verordnung, sondern schon im Gesetz selbst – gewissermaßen »in nuce« – getroffen sein müssen. Nach den bitteren Erfahrungen vieler Deutscher mit Verwaltungen ist diese Reaktion durchaus verständlich. Heute ist aber auch die Exekutive von demokratischem Geist durchdrungen, so daß es eigentlich nicht mehr nötig wäre, ihr fast jegliches Entscheidungsermessen vorzuenthalten und den parlamentarischen Gesetzgeber auch noch mit der Entscheidung von Quisquilien zu belasten.

Das alles läuft auf die Frage hinaus, ob es unter den heutigen verfassungspolitischen Gegebenheiten wirklich noch notwendig ist, die Exekutive so weit wie bisher aus der Normsetzung herauszuhalten. In Frankreich mit seiner großen demokratischen Tradition ist das schon seit über 40 Jahren ganz anders. Dort werden viele Fragen von vornherein durch Verordnung geregelt, und nur bestimmte zentrale Probleme sind der Regelung durch Parlamentsgesetz vorbehalten. Man muß dieses Beispiel gar nicht in seiner ganzen Breite für richtig halten, um doch eine erneute Überlegung darüber zu empfehlen, ob nicht Regierungsverordnungen auch in Deutschland wieder mehr Gewicht gegenüber dem Gesetz eingeräumt werden sollte. Die drei folgenden Vorsichtsmaßregeln müßten schließlich ausreichen, um dem Parlament das Heft nicht aus der Hand zu nehmen:

- Jederzeitiges Recht des Parlaments, eine Verordnung, die nicht seine Billigung findet, wieder außer Kraft zu setzen;
- Veröffentlichung sowohl der Gesetze als auch der Verordnungen im gleichen Publikationsorgan (damit der Bürger weiß, woran er ist);
- Fortbestehen einer ausreichenden verwaltungsgerichtlichen Kontrolle.

Ein Einwand, der gegen diesen Vorschlag mit Sicherheit erhoben wird, ist folgender: Dem Parlament, dessen Gesetzgebungsbefugnisse ohnehin zum Teil nach Brüssel abgewandert sind und das bei einer Bundesstaatsreform weitere Zuständigkeiten an die Länder zurückgeben soll, gingen auf diese Weise auch noch Rechte zugunsten der Bundesregierung verloren, und das sei seine endgültige Depossedierung.

Das träfe zu, wenn das Parlament in Deutschland ausschließlich als Gesetzgebungsmaschine konzipiert wäre. Das ist es aber nicht, sondern es hat die umfassende Aufgabe, neben der Bundesregierung als oberstes Leitungsorgan des Staates zu fungieren, und diese Aufgabe geht einerseits sehr viel weiter als die Gesetzgebungstätigkeit, andererseits ist bei weitem nicht jede Vorschrift, die der Bundestag bisher erlassen hat, als »staatsleitend« zu qualifizieren. Man kann das auch brutal sagen: Der Bundestag hat sich in den vergangenen fünf Jahrzehnten zur Gesetzgebungsmaschinerie denaturieren lassen und versäumt dementsprechend seine anderen Leitungsaufgaben. Der Verzicht auf einen – auch stattlichen – Teil der Gesetzgebung würde ihm den Kopf und den Zeitetat für seine nicht weniger wichtigen Funktionen wieder frei machen.

Unsere älteren Mitbürger erinnern sich gewiß noch an die großen Parlamentsdebatten der fünfziger Jahre. Natürlich gingen sie um fundamentale Probleme, wie sie damals anstanden: Marktwirtschaft oder Planwirtschaft, Westintegration oder Neutralität, Nationalstaat oder europäische Integration, Wiederbewaffnung oder Pazifismus, und diese Fragen sind heute längst – und dauerhaft – entschieden. Heute stehen Fragen an, die sehr viel schwerer zu erfassen und dementsprechend auch zu entscheiden sind, die aber trotzdem von gleichem Gewicht sind: Zukunft der technischen Zivilisation, Stellung Deutschlands in Globalisierung und Regionalisierung, Stammzellenforschung und Biomedizin, die Umorientierung des europäischen Einigungsprozesses, die sich nach den Volksabstimmungen über den europäischen Verfassungsentwurf endlich als unumgänglich erwiesen hat, und vieles andere mehr. Der Deutsche Bundestag hat einzelne von diesen Fragen bereits in Plenardebatten erörtert und dabei eine weit interessantere (und übrigens auch inhaltlich überzeugendere) Figur dargeboten als bei den sonst üblichen legislativen Ziselierarbeiten – und das Volk wartet auf solche Orientierungshilfen. Warum also die Hoffnung aufgeben, daß die Verringerung seiner Gesetzgebungspflichten für das ganze politische System Deutschlands ein Segen sein könnte?

Übrigens: Wenn unser Parlament etwas weniger zu arbeiten hätte, wäre das nur zu seinem Vorteil. Dann hätten die Abgeordneten nämlich wieder Zeit zu einer bescheidenen Berufstätigkeit nebenher, und das hätte drei positive Folgen: Sie würden die Verbindung zum praktischen Leben nicht verlieren, man könnte feststellen, ob sie dort überhaupt noch brauchbar sind, und es würde ihre Unabhängigkeit von den Parteizentralen gestärkt. Daß augenblicklich alle Medien eher dem Bild des reinen Vollzeitpolitikers anhängen und jedem Nebenverdienst des Abgeordneten kritisch gegenüberstehen, ist ohnehin absurd – wenn für diesen Nebenverdienst wirklich gearbeitet wird.

Der Fluch der knappen Mehrheiten

Unsere bisherigen Ausführungen könnten den Eindruck erweckt haben, als seien es ausschließlich »der Staat« und »die Politik«, die an der zunehmenden Unbeweglichkeit unseres politischen und gesellschaftlichen Systems schuld sind. Aber dieser Eindruck wäre entschieden falsch. (Davon, daß er auch ganz ungerecht wäre, wollen wir hier gar nicht reden.)

Auf die Gründe, für die die Wirtschaft verantwortlich ist, werden wir im nächsten Kapitel eingehen. Aber es gibt noch einen dritten Typ von Gründen für die Unbeweglichkeit, und der geht zu Lasten des Souveräns selbst, also des deutschen Volkes. Diese Gründe werden in der politischen Diskussion viel zu selten gesehen. Allerdings lassen sie sich auch am schwersten beheben, solange man den Willen des Volkes für sakrosankt hält – und davon wird man sich in einer Demokratie nicht verabschieden können.

Die erste Erscheinung, die hier erwähnt werden muß, bezeichnet man am besten als die Neigung der Deutschen zur 50-Prozent-Demokratie. Sie ist in keiner Demokratie automatisch gegeben. Wenn sie aber, aus welchen Gründen auch immer, entsteht, kann sie bedenkliche Folgen hervorrufen.

In der deutschen Bevölkerung gibt es gegenwärtig zwei ziemlich fest gefügte Blöcke: einerseits die eher konservativen Wähler, die sich parteipolitisch entweder bei den Unionsparteien CDU/CSU oder bei der FDP anlagern, und andererseits die eher progressiv denkenden Wähler, die sich um die SPD und die »Grünen« scharen. Beide Parteienlager sind wie gesagt ziemlich fest gefügt. SPD und »Grüne« bilden seit Jahren eine mit schöner Regelmäßigkeit wiederkehrende »rot-grüne« Koalition, CDU/CSU und FDP hingegen bilden mangels Regierungsmehrheit zwar keine Koalition, arbeiten aber meist eng zusammen und sind außerdem fest entschlossen, miteinander eine Koalition einzugehen, sobald die Mehrheitsverhältnisse das zulassen.

Das Unglück will es nun, daß die Wählerschaft dieser beiden Blöcke, von gelegentlichen Ausreißern abgesehen, in vielen Wahlen annähernd gleich groß ist, so daß es nur geringer Wählerbewegungen bedarf, um einen Block von der Regierungs- auf die Oppositionsbank zu verbannen und umgekehrt. In Zeiten wachsender Sozialprodukte (und damit auch wachsender Verteilungsmassen!) war das nicht sehr problematisch. In Zeiten stagnierender Wirtschaft wird es aber nötig, den Bürger mit immer neuen – ungewohnten und daher ungeliebten – Reformen zu konfrontieren und ihm zusätzlich noch empfindliche Einschnitte in seinen sozialen – und das heißt natürlich finanziellen – Status zuzumuten. Daß er darüber nicht erbaut ist, wird man verstehen müssen, und daß der eine oder andere daraufhin entweder das politische Lager wechselt oder zumindest der Wahlurne fernbleibt, gehört zu dem Risiko, das jede Demokratie in sich trägt.

Nur: Wenn die Wählerblöcke fast gleich groß sind, liegt die Gefahr nahe, daß dann auch keine der beteiligten Parteien mehr den Mut aufbringt, dem Wähler den berühmten reinen Wein einzuschenken. Das war – beispielsweise – die Situation des Bundestagswahlkampfes 2002. Zwar waren sich, vereinfachend gesprochen, damals alle demokratischen Parteien einig, daß an Reformen nicht vorbeizukommen sei, aber damit war die Einigkeit auch schon am Ende. Wiederum vereinfachend gesprochen, stellte die rot-grüne Koalition dem Wähler zwar Reformen in Aussicht, nährte in ihm aber den Glauben, daß alles schon nicht so schlimm sein, die verordnete Medizin also nicht gerade bitter sein werde. Damit standen die Oppositionsparteien vor einer bösen Alternative: entweder dem Wähler trotz allem reinen Wein einzuschenken und eine erneute Wahlniederlage in Kauf zu nehmen oder Kreide zu schlukken und sich wie die Regierungskoalition zu verhalten. (Sie haben sich dann zu einem entschiedenen »Jein« entschlossen.)

Es gibt kein Rezept, wie man diese Situation, die wie gesagt vom Wähler verursacht ist, aus der Welt schaffen könnte. Wahrscheinlich gibt es nur zwei Auswege: Entweder präsentieren die beiden politischen Lager Führungspersönlichkeiten, die über mehr persönliches Charisma verfügen als das bisherige Personal, oder sie warten gemeinsam so ernste Zeiten ab, daß auch der letzte Wähler nicht mehr hoffen kann, es werde nicht auch an seinen Geldbeutel gehen.

Übrigens wiederholen sich die soeben geschilderten Verhältnisse innerhalb der politischen Parteien und der Massenverbände, wenn auch mit gewissen Abweichungen. Was das Volk betrifft, kann man das noch einigermaßen verstehen. Das deutsche Volk hat seit dem Wirtschaftswunder der fünfziger und sechziger Jahre praktisch nur Zeiten des wirtschaftlichen Aufstiegs und der Zuwachsraten erlebt – wenn es die Begriffe »Wirtschaft« oder »Konjunktur« hörte, konnte es fast automatisch den weiteren Begriff »Zuwachs« assoziieren. Nimmt man hinzu, daß das, mit Ausnahme der jüngst vergangenen Jahre, seit etwa 1950 so geht, und stellt man ferner in Rechnung, daß der durchschnittliche Mensch, ehe er politisch zu denken beginnt, mindestens 20 Jahre alt ist, so erkennt man, daß die Erfahrung eines Null- oder gar Minuswachstums fast für das gesamte deutsche Volk zu einer bestürzenden Neuigkeit geworden ist. Entsprechend schwer mußte (und muß nach wie vor) den Deutschen das Umdenken in die heutige Situation fallen.

Aus dem Volk rekrutieren sich aber die Mitgliedschaften unserer politischen Parteien, und das geltende Wahlsystem garantiert ebenfalls nicht, daß alle Abgeordneten über erheblich mehr ökonomisches Wissen verfügen als ihre Wähler. Deshalb muß sich niemand darüber wundern, daß sich auch in unseren Führungsschichten die Einsicht in die Notwendigkeit einer etwas bescheideneren Politik und durchgreifender Reformen noch keineswegs überall durchgesetzt hat. Dieses Urteil betrifft alle demokratischen Parteien. Es ist deshalb nur eine kleine Übertreibung, wenn gelegentlich gesagt wird, Deutschland habe gegenwärtig nicht vier, sondern acht Parteien: in jeder Partei diejenigen, die die nötigen Einsichten bereits gewonnen haben, und diejenigen, bei denen das noch einige Zeit dauern wird.

Was das für die politischen Entscheidungsprozesse bedeutet, läßt sich wenigstens einmal pro Woche beobachten. Erstens versuchen die Mitgliedsparteien der beiden großen Lager auf diese Weise immer wieder einmal, sich gegenseitig vor dem Wähler zu profilieren. Sodann nehmen die Schaukämpfe, die in der SPD der sogenannte linke Flügel mit dem Regierungslager aufzuführen pflegt, aus diesem Themenbereich ebenso ihren Stoff wie die nicht weniger aufregenden Schaukämpfe, die in der Union CDU und CSU miteinander veranstalten. Schließlich gibt es überall noch die Profilierungsbemühungen zwischen potentiellen Vorgängern und potentiellen Nachfolgern, und auch die laden ihre Waffen nicht selten mit solchem Pulver. Den notwendigen raschen und entschiedenen Schritten, die unsere Situation oft fordert, wird das alles nur höchst bruchstückhaft gerecht. Manchmal wünscht man sich, daß sich zwar nicht alle Parteien, wohl aber die Einsichtigen aus allen Parteien zu einer entschlossenen konstruktiven Mehrheit zusammenschließen.

Im Zeitalter eiserner Parteidisziplin ist das wahrscheinlich etwas viel verlangt, zumal wenn es bedeutet, daß die einsichtigen Abgeordneten sich in der Abstimmung offen gegen ihre weniger einsichtigen Fraktionskollegen erklären sollen. Also wollen wir unsere Wünsche etwas niedriger hängen (aber doch allen Ernstes anmelden): Man könnte ja in der Parlamentsarbeit im Einzelfall etwas weniger an die Wirkung »nach außen« denken und dafür etwas mehr aufeinander hören. Und: Es gibt keine Verfassungsbestimmung, die vorschreibt, daß Vorschläge automatisch abgelehnt werden müssen, nur weil sie vom politischen Gegner stammen. Im Vermittlungsausschuß ergibt sich die Notwendigkeit, aufeinander zu hören, ja doch!

Zurück zum Volk: Hier ist noch von einer weiteren Eigenschaft zu sprechen, die die Deutschen in der vergangenen Zeit entwickelt haben, nämlich von ihrer Risikoscheu. Natürlich ist es eine journalistische Übertreibung, wenn mitunter gesagt wird, die Deutschen seien zu einem Volk von Bedenkenträgern geworden, und sie ist auch nicht ganz gerecht, wenn sie aus journalistischem Munde kommt; denn es sind ja gerade die Massenmedien, die solche Bedenken gegen alles mögliche formulieren, ja oft sogar ganz bewußt hochkochen. Eine Tatsache ist es aber gleichwohl, daß in den vergangenen zwei Jahrzehnten nichts vorgeschlagen und nichts erfunden werden konnte, ohne daß dagegen sofort die schwerwiegendsten Bedenken geltend gemacht worden wären, und das Ende vom Lied war dann in aller Regel, daß Deutschland von den sich bietenden Chancen entweder überhaupt nicht oder doch unnötig spät Gebrauch machen konnte. Die Beispiele dafür liegen auf der Hand, sie brauchen hier nicht ausdrücklich aufgeführt zu werden.

Nun wird nach den Darlegungen des ersten Kapitels niemand, der sie halbwegs ernst nimmt, auf die Idee kommen, es sei vernünftig, neue Entwicklungen und Erfindungen immer noch mit dem naiven Fortschrittsglauben des 19. und beginnenden 20. Jahrhunderts sofort aufzugreifen und zu realisieren. Das konnte man sich bei Automobil und Flugzeug, bei Radio und elektrischer Beleuchtung noch leisten. Bei den komplizierten und in ihren Folgen wirklich nicht restlos absehbaren Erfindungen der letzten Jahrzehnte und der sich abzeichnenden Zukunft ist es aber nicht mehr sinnvoll. Der Begriff der Folgenabschätzung hat also seine gute Berechtigung.

Nur: Es muß sich dann auch wirklich um eine Folgenabschätzung handeln. Das bedeutet zweierlei: Erstens muß die Abschätzung fair und vor allem ergebnisoffen vor sich gehen, und die Öffentlichkeit muß gerade dieses letztere unnachgiebig kontrollieren. Und zweitens müssen die Folgen daraus gezogen werden, daß es in den heute anstehenden Fragen meist nicht um hundertprozentige Sicherheiten, sondern – eben – nur um Abschätzungen gehen kann. Man kann sich eine Formel vorstellen, nach der hier vorgegangen werden muß:

$$\frac{\text{Größter möglicher Nutzen}}{\text{Wahrscheinlichkeit seines Eintritts}} : \frac{\text{Größter möglicher Schaden}}{\text{Wahrscheinlichkeit seines Eintritts}}$$

Ergäbe sich aus dieser Schätzung eine Zahl, die größer als eins ist, so wäre die Verwirklichung des Projekts unbedenklich.

Es versteht sich von selbst, daß mit dieser Formel nicht wirklich gerechnet werden kann. Zur Erläuterung dessen, was notwendig und redlich wäre, taugt sie aber allemal.

Das ABCD-Syndrom

Die Risikoscheu der Deutschen, von der soeben die Rede war, hat noch einen ganz besonderen, ebenso entscheidungshemmenden Ableger erzeugt, auf den wir nun noch zu sprechen kommen müssen. Er wirkt sich vor allem dann aus, wenn es bei politischen Entscheidungen um die Wahrnehmung wirtschaftlicher Interessen geht. Folgerichtig spielt er, wie sich leicht beobachten läßt, gerade in den Aktivitäten von Verbandsbürokratien und parlamentsangehörigen Verbandsvertretern eine halb bedenkliche, halb lächerliche Rolle.

Zunächst: Interessenvertretung in und gegenüber den politischen Entscheidungsprozessen ist nichts Schlimmes oder gar Illegitimes. Natürlich sind alle Staatsorgane nicht irgendwelchen Partialinteressen, sondern dem Gemeinwohl verantwortlich. Aber einerseits läßt sich das, was Gemeinwohl ist, weder allgemeingültig formulieren, noch wäre das, wenn es gelänge, so konkret, daß man daraus mit mathematischer Sicherheit konkrete Folgerungen herleiten könnte. Andererseits ist das Gemeinwohl auch nicht einfach die Summe der Gruppeninteressen, schon weil kein Staat der Welt so reich ist, daß er alle an ihn gerichteten Forderungen erfüllen könnte. Völlig losgelöst von den Gruppeninteressen ist das Gemeinwohl aber auch nicht, sondern es entsteht in einem fairen Ausgleichsprozeß, bei dem die Partialinteressen gegeneinander abgewogen und untereinander – eben – ausgeglichen (»integriert«) werden müssen. Mit dieser Maßgabe ist ihre offene Vertretung absolut legitim.

Dann aber spielt das eine Rolle, was viele Interessenvertreter für »Strategie« halten und dementsprechend auch so bezeichnen. Das läuft in den Köpfen meistens so ab:

Die Regierung (oder sonst irgendwer) beabsichtigt A. Wenn es wirklich zu A kommt, könnte daraus aber B entstehen. Kommt es zu B, so könnte daraus wiederum C entstehen. Käme es zu C, so wäre der Weg zu D nicht mehr weit. D aber will ich unter keinen Umständen, und da ich Gefahren immer sofort bekämpfe, versuche ich möglichst schon A zu verhindern.

Notwendig wäre es freilich nur, erst C zu bekämpfen. Aber so lange wartet natürlich keiner, und eine »Strategie« wäre es schon gar nicht. Da könnte man ja gar nicht zeigen, wie weit man vorausdenken kann!

Es wird sich schwerlich ermitteln lassen, wie viele vernünftige politische Absichten schon im Sperrfeuer solcher Strategen liegengeblieben sind. Man wird dagegen auch nicht viel unternehmen können – es sei denn, man übte dagegen so rechtzeitig, so offen und so sarkastisch wie möglich eine Art Ideologiekritik. Aber wer stellt bei uns schon seine Kontrahenten bloß? Man könnte sie ja bald wieder benötigen!

»Rentnerdemokratie«?

Die Beispiele für Eigenschaften unseres Staates, die unter Umständen einer raschen und entschlossenen Problembewältigung im Wege stehen, wären durchaus noch vermehrbar. Es hat aber wenig Sinn, jede Detailerscheinung darauf zu untersuchen, ob sie auch in dieser Beziehung bedenklich werden könnte. Ein Problem muß aber noch angesprochen werden, weil es erstens von ganz prinzipieller Bedeutung ist und zweitens in absehbarer Zukunft immer gravierender werden wird. Gemeint ist die Alterspyramide Deutschlands.

Der Normalzustand einer solchen Alterspyramide entspräche an sich wirklich dem Bild einer Pyramide: die jungen Jahrgänge zahlenmäßig sehr breit angelegt wie das Fundament der Pyramide, sodann von Jahrgang zu Jahrgang immer schmäler werdend, weil natürlich nicht alle Menschen das Alter erreichen, das ihnen die durchschnittliche Lebenserwartung verheißt, und in den obersten Altersrängen schließlich nur noch ganz schmale Ebenen, die Pyramidenspitze gewissermaßen, die allerdings mit zunehmender Lebenserwartung auch immer höher liegt. Daß das in Deutschland nicht so ist, weiß jeder. Schließlich wurde die normale Entwicklung hier im Laufe eines einzigen Jahrhunderts dreimal mit Nachdruck unterbrochen: zweimal durch die Geburten- und Menschenverluste der beiden Weltkriege und der auf sie folgenden Notzeiten und zum dritten Mal durch die Möglichkeiten der massenhaften Empfängnisverhütung, deren statistische Folgen meist als Pillenknick bezeichnet werden.

Dies zusammen mit der permanenten Erhöhung der Lebenserwartung hat, wie die deutsche Öffentlichkeit allmählich begreift, alarmierende Konsequenzen. Im öffentlichen Bewußtsein steht verständlicherweise die sogenannte Rentenproblematik im Vordergrund, das heißt die Frage, ob es den jungen arbeitenden Generationen der Zukunft noch möglich und zuzumuten sein wird, eine Zahl von Rentnern zu ernähren, die weit über den Verhältnissen etwa der Jahre um 1980 oder um 2000 liegt.

Ein anderes, viel prinzipielleres Problem wird dabei meist übersehen. Man tut älteren Menschen bestimmt kein Unrecht, wenn man davon ausgeht, daß sie in ihren Entschlüssen nicht mehr ganz so schnell und entschieden sind, wie sie es selbst in jüngeren Jahren waren, und daß sie auch nicht mehr ohne weiteres zu grundlegenden Änderungen ihrer Ansichten, ihres Verhaltens und ihrer Lebensgewohnheiten bereit sind. Sie sind mit einem Wort weniger reformbereit und reformfähig, und das in einer Zeit, in der immer mehr rasche und entschiedene Änderungen im Leben der Gesellschaft unerläßlich werden.

Auch das wäre ohne weiteres zu ertragen, wenn die Alterspyramide Deutschlands noch eine echte Pyramide wäre; denn dann hätten die jungen, selbst arbeitenden und für ihre eigenen Kinder sorgenden Generationen selbstverständlich die zahlenmäßige Mehrheit, die Frage könnte also gewissermaßen über das in jeder Demokratie wirksame Mehrheitsprinzip gelöst werden. Genau dieses Regulativ wirkt heute aber nicht mehr. Sagen wir es kurz: Die deutschen Wahlen werden mehr und mehr von älteren, ja alten Leuten entschieden, die unter den Folgen unterlassener oder verspäteter Reformen wesentlich weniger zu leiden haben als die Angehörigen jüngerer Generationen und bei denen man nicht einmal Sorge für Kinder und Enkel voraussetzen kann – weil sie solche oft überhaupt nicht besitzen. Ins Extrem weiter gedacht, müßte diese Entwicklung unseren dynamisierten Gesellschaften die Überlebensfähigkeit nehmen.

Nun weiß zwar jedermann, daß die Dinge auch hier nicht bis zum äußersten Extrem gedeihen werden. Eine Minute des Nachdenkens darüber, wie dieses Extrem vermieden werden kann, ist angesichts der Problematik aber doch angebracht. Wie so oft gibt es auch hier nur zwei grundsätzliche Lösungswege:

1. Entweder korrigiert man die sich abzeichnenden Mehrheitsverhältnisse so, daß die Gesellschaft hinreichend flexibel bleibt, und wenn man älteren Bürgern nicht von einem bestimmten Zeitpunkt an das Wahlrecht aberkennen will, so muß man den ohnehin schon ventilierten Vorschlägen folgen, nach welchen die Eltern von noch nicht wahlberechtigten Kindern ihrerseits zusätzliche Wahlstimmen erhalten sollen. Das wäre dann aber eine Abweichung von einem der fundamentalsten demokratischen Grundsätze, nämlich dem des allgemeinen und gleichen Wahlrechts, und es gäbe auch keinerlei Garantien dafür, daß die Eltern mit ihren zusätzlichen Stimmen die Interessen ihrer Kinder und nicht ihre eigenen verfechten.

2. Oder man packt das Problem von der anderen Seite an und faßt den Bereich, in dem sich das demokratische Mehrheitsprinzip überhaupt auswirkt, nämlich die Zuständigkeit des Staates, im Verhältnis zur Gesellschaft um ein Erkleckliches enger als gegenwärtig. Dann fallen viele Entscheidungen, wie schon bisher in der Wirtschaft, von vornherein nur unter denen, die aktiv und meist mit eigenem ökonomischen Risiko an der Gestaltung der Gesellschaft beteiligt sind. Das Verblüffende an diesem Gedanken ist, daß man von ihm aus zu der althergebrachten Grundforderung des politischen Liberalismus zurückkommt, die da lautet: Soviel Staat wie nötig, soviel Freiheit (oder: soviel Gesellschaft) wie möglich. Es spricht alles dafür, diese Formel noch einmal, vielleicht ein letztes Mal, zum politischen Programm zu erheben.

Allerdings muß man dann zweierlei zugeben: Einerseits ist die soeben zitierte Formel denkbar unpräzise – genaugenommen handelt es sich bei ihr um eine ganz gewöhnliche Leerformel. Und andererseits steht sie mit der staatlichen Realität in einem fast unauflösbaren Konflikt. Diese hat sich in den vergangenen 100 oder 150 Jahren nämlich umgekehrt verhalten. Das Thema wird in der deutschen Öffentlichkeit zwar so gut wie überhaupt nicht diskutiert. Gerade deshalb brennt es aber auf den Nägeln.

Übrigens müssen die Funktionen des Staates und vor allem ihre Grenzen auch noch aus einem anderen Grunde neu überdacht werden, der für die Akzeptanz des Staates bei seinen Bürgern und damit für seine politische Stabilität schlechterdings entscheidend ist. Soweit man in der Geschichte zurückblickt, war die Stabilität und Überlebenskraft politischer und gesellschaftlicher Systeme immer dann am größten, wenn sie auf einfachen Grundsätzen aufbauten, die von der Masse der Menschen verstanden, geglaubt und nachgelebt werden konnten, und wenn vor allem diese Systeme nicht so ausziseliert und infolgedessen so unbeweglich waren, daß sie sich veränderten Bedingungen nicht mehr rasch und geschmeidig genug anpassen konnten. (Man kennt das auch aus der biologischen Evolutionslehre: Zu hohe Spezialisierung verringert üblicherweise die Anpassungs- und folgerichtig die Überlebensfähigkeit.)

Wie schwierig das alles im Konkreten ist, dürfte in diesem Buch schon deutlich geworden sein. Auch wir haben keine allgemeingültige Formel für eine Begrenzung der Staatsausgaben angeben können, immerhin aber einen Weg, auf dem die Begrenzung Schritt für Schritt vorangetrieben werden könnte.

IX.

Bewegliche Wirtschaft

Die bisherigen Kapitel waren der größeren Beweglichkeit des Staates gewidmet. Sie sollten gezeigt haben, wie viel auf diesem Gebiet zu tun ist. Es bleibt aber die Frage, ob die öffentliche Organisation der einzige Bereich ist, in dem solche Notwendigkeiten bestehen.

Hört man Vertreter der Wirtschaft, so hat man mitunter den Eindruck, als ob alle Probleme tatsächlich nur aus »der Politik« kämen und die Exponenten der Wirtschaft ausschließlich von Sachkunde, Einsicht, Kreativität und Innovationslust getrieben seien. Es mag sein, daß manche von ihnen tatsächlich solche Meinungen äußern, weil sie ihren innersten Überzeugungen entsprechen. Zweifel sind jedoch erlaubt, schon auf Grund der Tatsache, daß im Laufe der vergangenen Generation in Deutschland viele interessante und, wie der spätere Erfolg bewies, äußerst gewinnträchtige Produkte zwar erfunden, dann aber nicht in Produktionsprogramme aufgenommen worden sind.

Man kann sich ja versuchsweise einmal vorstellen, daß Bundesregierung und Bundestag alle Forderungen der Wirtschaft hinsichtlich Staatsquote, Steuer- und Abgabenlast, Normenflut und Bürokratieabbau erfüllt hätten. Würde es dann, so lautet die Frage, mit der deutschen Wirtschaft und ihren Zuwachsraten automatisch wieder nach oben gehen? Würde es Innovationen (und damit die Hoffnung auf künftiges Wachstum) geben, daß es eine wahre Wonne wäre? Wer das wirtschaftliche Geschehen der vergangenen Jahre mit offenen Augen beobachtet hat, wird hier nicht jeden Zweifel unterdrücken können.

Natürlich hat die Wirtschaft – das sei, gewissermaßen vor der Klammer, ausdrücklich betont – vor dem Staat und der sonstigen öffentlichen Hand immer noch den Vorteil weitaus größerer Polyzentralität. Selbst wenn man die Dinge von Branche zu Branche gesondert betrachtet, beschäftigen sich auf ein und demselben Tätigkeitsfeld immer noch mehr einzelne Unternehmen, als es bei einer Verstaatlichung dieses Feldes »öffentliche Hände« wären. Das ist unbedingt festzuhalten; es ist das Grundprinzip, das vorausgeschickt werden muß, ehe hier die Sorgen, zu denen es ebenfalls Anlaß gibt, ausgebreitet werden.

Die Konzentration der Wirtschaft

Wirtschaftlicher Fortschritt, wie unser Land ihn dringend benötigt, hängt primär von der Fähigkeit zu Innovationen – und zwar zu rechtzeitigen Innovationen – ab, und diese wiederum von der geistigen Regsamkeit und Flexibilität der Unternehmen. Das hat gewiß etwas mit der Personalpolitik der Unternehmen und der Qualität ihres Führungspersonals zu tun, aber doch auch mit der Organisation der Unternehmen. Bürokratie steht dem prinzipiell im Wege, und zwar nicht nur die Bürokratie, mit der der heutige Staat die Wirtschaft konfrontiert, sondern auch die, welche die Unternehmen bei sich selbst entwickeln, und das hängt wiederum auch mit der Größe der Unternehmen zusammen.

Die unentwegten Konzentrationsbewegungen, die derzeit in unserer Wirtschaft zu beobachten sind, können deshalb nicht nur freudiger Zustimmung begegnen, sondern sie begründen auch ernsthafte Sorgen. Natürlich sind sie weitgehend nichts anderes als die unvermeidliche Antwort auf die zunehmende (und ebenfalls unvermeidliche) Globalisierung. Die Gefahr der inneren Verbürokratisierung und damit Erstarrung besteht aber gleichwohl.

Es gibt gegen solche Risiken grundsätzlich zwei Gegenmittel. Für die Unternehmen am nächstliegenden ist die innere Dezentralisierung. Das ist in den vergangenen Jahrzehnten bei einer ganzen Reihe von deutschen Konzernen praktiziert worden. Es hat dann allerdings immer wieder auch Zeiten gegeben, in denen solche Maßnahmen ganz bewußt wieder zurückgenommen wurden. Für beides kann es, je nach der Entwicklung der einzelnen Branche, durchaus gute Argumente geben. Allerdings bleibt doch die Frage berechtigt, ob immer nach solchen Kriterien gehandelt wurde.

Mitunter hatte man doch sehr den Eindruck, daß es entweder um die Befolgung rasch wechselnder betriebswirtschaftlicher Moden oder gar um Machtfragen innerhalb der Unternehmen ging. Solche Motive sind, wo Menschen kooperieren müssen, nicht immer zu vermeiden – in den politischen Parteien fordern aufstrebende Jungpolitiker ja auch meist eine Ämtertrennung, und wenn sie dann im Sattel sitzen, neigen sie eher wieder zur Ämterhäufung. Man sollte diese Dinge aber doch so rational handhaben wie nur irgend möglich, und da, so hat es den Anschein, ist das unter Menschen erreichbare Optimum auch in der Wirtschaft noch lange nicht erreicht.

Schon deshalb darf das zweite Gegenmittel nicht außer acht gelassen werden. Dieses heißt aktive Mittelstandspolitik. Je mehr Wirtschaftszweige von potenten mittelständischen Unternehmen aufgelockert, ja herausgefordert werden, desto mehr Bewegung – und Beweglichkeit! – bleibt ihnen erhalten. Freilich muß man dabei zwischen den Unternehmen, die heute zum Mittelstand gerechnet werden, sorgfältig unterscheiden. In dem Zusammenhang, den wir hier behandeln, kommt es ausschließlich auf solche Unternehmen an, die auf zukunftsweisenden Gebieten tätig sind. Man wird bezweifeln können, daß das für jedes der althergebrachten Handwerke, für alle vertraglich von größeren Unternehmen abhängigen Zuliefererbetriebe und für alle Unternehmen des Einzelhandels gilt. Es gibt gute Gründe, auch diese Gruppen der pfleglichen Behandlung durch den Staat zu empfehlen, schon weil auch sie in der sich vermassenden Gesellschaft unserer Zeit Inseln der Selbstentscheidung und Dispositionsfreiheit darstellen. Mit dem Thema, dem wir hier nachgehen, haben sie aber wenig zu tun.

Aus solchen Überlegungen ergibt sich übrigens auch, welche Rolle im Rahmen einer bewußten Mittelstandspolitik die konzentrische Förderung von Existenzgründungen spielt. Neue Ideen werden gewiß nicht nur von neuen Unternehmen entwickelt und verwirklicht. Daß bei ihnen die Wahrscheinlichkeit weit größer ist als üblich, liegt aber doch ziemlich nahe. Die Unterstützung solcher junger Unternehmen mit Startkapital, günstigen Räumen, betriebswirtschaftlicher Beratung und einem Minimum an sozialer Sicherheit während der Anfangszeit (z. B. Erleichterung einer Aufteilung zwischen selbständigen und unselbständigen Tätigkeiten) lohnt sich – und daß sie sich nicht in allen Fällen auszahlt, gehört zu dem marktwirtschaftlichen Prinzip von Versuch und Irrtum.

Risikofähigkeit und Risikobereitschaft

Innovationen – aber selbstverständlich auch ihre Unterlassung – sind im allgemeinen mit beträchtlichen Risiken verbunden. Die nächste Frage ist daher, ob unsere heutigen Unternehmen imstande sind, so viele Risiken einzugehen, wie in unserer schnellebigen Welt nötig ist.

Das hängt nicht nur von objektiven Gegebenheiten, z. B. der Eigenkapitalquote und den Reserven eines Unternehmens ab, sondern vor allem von den Menschen, die es führen. Interessant ist insoweit nicht die Rechtsform (die aber trotzdem – und irrsinnigerweise – noch der Besteuerung zugrunde liegt), interessant ist eine ganz andere Frage: Wer hat im Unternehmen realiter das Sagen? Und: Was kann er, was will er, und was traut er selbst sich zu?

In Zeiten der beginnenden Industrialisierung war das im allgemeinen der Gründer des Unternehmens, der deshalb meist auch sein Eigentümer war. Er kannte es durch und durch, trieb es nach vorn, erneuerte es infolgedessen immer wieder und trug vor allem auch die Risiken. Wenn es gut lief, wurde er reich, und wenn es schlecht lief, ging er mit seinem Unternehmen zugrunde.

Heute liegen die Dinge meist ganz anders. Weniger als je leiten die Eigentümer ihre Unternehmen selbst. Das erledigen für sie angestellte Manager, die sich ihrer Aufgabe mit größerem oder geringerem Erfolg entledigen – und übrigens auch mit beschränktem Eigenrisiko. Wenn sie reüssieren, ist alles in Ordnung; wenn nicht, werden sie rasch auf irgendeinen anderen Managersessel berufen. Nur bei den Trainern großer Fußballvereine gibt es noch ähnliche Erscheinungen.

Gerade weil die großen Manager einerseits eine höchst bedeutsame Menschengruppe, andererseits aber eine relativ geschlossene Gesellschaft sind, stellt sich die Frage, nach welchen Kriterien solch ein Manager eigentlich handelt und nach welchen er infolgedessen beurteilt wird. Man kommt dabei zu interessanten Erkenntnissen.

Eine Möglichkeit besteht darin, die Manager nach Gewinn und Verlust ihres Unternehmens zu beurteilen. Das liegt am nächsten und ist, wie betont werden muß, im allgemeinen auch ein richtiger Ansatzpunkt. Nur: Dieser hat auch seine Haken und Ösen, weil man ein Unternehmen eben nicht nur nach Gewinn und Verlust, also nach präsentem Geld beurteilen kann. Qualität, Loyalität und Leistungsbereitschaft einer Belegschaft lassen sich beispielsweise nicht beziffern, können durch ein besonnenes und offenes Management aber entscheidend gesteigert werden. Auch Investitionen in die Zukunft lassen sich meist nicht ohne weiteres quantifizieren, sonst hätten die Ausgaben der Wirtschaft für Forschung und Entwicklung in den neunziger Jahren des vergangenen Jahrhunderts nicht so zurückgehen dürfen, wie das der Fall war.

Man könnte sagen, daß man dann eben auf die Börsenkurse zurückgreifen müsse, in die solche Unwägbarkeiten ja durchaus eingehen können. Aber auch dadurch wird die Sache bei weitem nicht lukendicht. Erstens hängen die Börsenkurse auch mit Fakten zusammen, mit denen das einzelne Unternehmen nichts oder doch nur sehr wenig zu tun hat; man denke an Entwicklungen der Weltkonjunktur, an den Umfang der im Weltmaßstab freien Kapitalmengen und an die immer wieder auftretende weltweite Spekulation. Zweitens können Börsenkurse auch auf dem nationalen Markt, bewußt oder unbewußt, künstlich hochgetrieben werden – man erinnere sich nur an den Übernahmekampf um Mannesmann, wo einem drastischen Anstieg der Kurse eindeutig keine Wertsteigerung des Unternehmens entsprach.

Ein weiteres Argument gegen eine allzu hohe Einschätzung des Börsenkurses besteht darin, daß die Planungen von Unternehmen dadurch leicht zu kurzatmig werden können. Vertreter der Wirtschaft werfen den Politikern gern vor, sie dächten nur von Wahl zu Wahl, also in Vierjahreszyklen oder, wenn man die Landtagswahlen hinzurechne, in Zweijahres-, ja gar in Jahreszyklen. Betrachtet man das übliche Börsengeschehen, so kann man allerdings auf den Verdacht kommen, daß Manager, die nach dem Börsenwert ihres Unternehmens beurteilt werden, sich allmählich nur noch von Hauptversammlung zu Hauptversammlung, also ebenfalls nur im Jahresrhythmus, oder sogar nur von Vierteljahresbericht zu Vierteljahresbericht weiterhangeln können. Das wird zwar auch nie ganz zu vermeiden sein, rational ist es aber ganz gewiß nicht.

Schließlich ist noch auf einen dritten Gesichtspunkt hinzuweisen. Um ein Unternehmen wirklich zu beurteilen, muß man sich auch seine Aktionärsstruktur, das heißt seine Eigentümerseite, genauer ansehen. Gibt es einen oder vielleicht auch zwei Großaktionäre, so ist ein Unternehmen zwar nicht immer, aber doch sehr oft in einer glücklichen Lage, weil Eigentümer meist für Kontinuität sorgen und auch sehr viel risikobereiter sein können als angestellte Manager. Die Rolle der Familie Quandt etwa bei BMW oder bei Altana ist ein gutes Beispiel dafür.

Demgegenüber sind in der Vergangenheit sogenannte Publikumsgesellschaften sehr gepriesen worden, weil das Management solcher Unternehmen in seinen Entscheidungen besonders frei und vor Querelen, die es zwischen Großaktionären und innerhalb großer Aktionärsfamilien ja ebenfalls geben kann, relativ sicher sei. Diese Vorzüge der Publikumsgesellschaften sind durchaus nicht zu verachten. Nur ist absolut nicht sicher, daß sich in ihren Hauptversammlungen nicht kurzfristige Interessen und Moden durchsetzen und die Bereitschaft, in die Zukunft zu denken und in sie auch zu investieren, davon majorisiert wird. Daß die deutsche Börse ihren durchaus diskutablen Versuch, die Londoner Stock Exchange zu übernehmen, im Sperrfeuer einer von Hedgefonds angeführten Aktienmehrheit aufgeben mußte, ist ein erstes manifestes Beispiel dafür auf deutschem Boden.

In diesem Zusammenhang sollte man einmal ganz allgemein über die Rolle der großen Fonds in den Aktiengesellschaften, ihren Hauptversammlungen und hinter deren Kulissen nachdenken.

Es ist gewiß nicht immer so, aber wenn sie ebenfalls nur sehr kurzfristig denken und vor allem nur möglichst rasche und hohe Ausschüttungen im Auge haben, dann ist Gefahr im Verzug. Der Begriff »Shareholder«, der ja eigentlich nur »Anteilseigner« heißt, wird in der öffentlichen Diskussion zwar weidlich mißverstanden, in diesem Falle aber können sich durchaus einmal die falsche Auslegung des Begriffs und die wirtschaftliche Realität treffen. Besonders absurd kann das bei Fonds werden, die sich – zu Recht oder zu Unrecht – als Vertreter der sogenannten kleinen Leute ausgeben können, z. B. bei Renten- oder Pensionsfonds oder bei solchen Fonds, die bewußt mit den Spargroschen kleiner Leute arbeiten. Dann kann sich nämlich kurzsichtiges, ja manchesterkapitalistisches Verhalten der Fonds in den Aufsichtsräten und Hauptversammlungen nach außen mit dem Mäntelchen sozialer oder gar gemeinwohlorientierter Verantwortung umhüllen. Eine explosivere Mischung kann man sich kaum vorstellen.

Wenn man bei der Beurteilung eines Managers also auch dem Börsenwert seines Unternehmens nicht allzuviel Gewicht beimessen darf, stellt sich natürlich sofort die Frage, wie man ihn bzw. sein Unternehmen dann beurteilen soll. Zu diesem Punkt gibt es, soweit ersichtlich, bisher keine allgemein anerkannte Antwort und schon gar keine leicht anzuwendende Methode. Der Eindruck in der Öffentlichkeit, daß ein Unternehmen – einschließlich seiner absehbaren Zukunftsaussichten – »gut aufgestellt« ist, läßt sich zwar nicht immer durch Zahlen belegen und hat in der jüngeren Vergangenheit auch des öfteren getrogen. Trotzdem sollte man von ihm durchaus ausgehen. Auch der Börsenwert hat hier seinen

Sinn, sofern die mehr zufälligen, ja möglicherweise manipulativen Elemente dabei ausgeklammert bleiben, das heißt vor allem, wenn nicht der absolute Börsenwert im Vordergrund steht, sondern der relative, der Börsenwert im Vergleich zu ähnlichen Unternehmen. Ähnlich wichtig müssen sodann die schon angesprochenen Imponderabilien wie Goodwill, Ansehen, Vertrauenswürdigkeit, Arbeitsklima und Qualität des Personals sein – nicht zu vergessen die Qualität der Produkte, erkennbar etwa an der Zahl der heute fast üblich gewordenen »Rückrufaktionen«.

In der Wirklichkeit scheint allerdings noch etwas ganz anderes und Irrationaleres im Spiel zu sein, was es – beispielsweise – auch in der Kunst, in der Haute Couture und in der Wissenschaft gibt, dort zumindest bei den nicht ganz so exakten Zweigen, also in Bereichen, in denen ebenfalls keine jederzeit verifizierbaren Beurteilungsmaßstäbe zur Verfügung stehen. Dort spielen – grosso modo – weder die berufsmäßigen Kritiker und sonstigen Sachverständigen noch gar das Publikum die entscheidende Rolle, sondern es ist die Kommunität der Beteiligten selbst, die darüber befindet, wer »etwas ist« und dementsprechend auch zur Kommunität gehört. In der Modewelt geht es bei den großen internationalen Modeschauen offensichtlich gar nicht mehr darum, wer sich etwas leisten und wer etwas wirklich tragen kann; das ist alljährlich in aller Öffentlichkeit zu beobachten. In der Wissenschaft haben die Neomarxisten der sechziger und siebziger Jahre, aber auch konservative Kritiker dasselbe behauptet, und zwar, wie hier ausdrücklich betont werden muß, auch nicht völlig zu Unrecht. Wenn man sieht, wie die großen Wirtschaftsmanager in jüngster Zeit die Stühle über Landes- und vor allem Branchengrenzen hinweg tauschen, kann man sich des Eindrucks nicht erwehren, daß da – zumindest auch – ähnliches im Gang ist.

Die Frage ist dann folgerichtig, was da neben allen erwähnten rationalen Maßstäben noch mitspielt. Eine gewisse Konkurrenz um die Gehälter hat hier sicher ihr Gewicht, bei den Beträgen, um die es dabei geht (und die man viel weniger neidbelastet diskutieren sollte, als das gegenwärtig geschieht), zweifellos eine wenig rationale Komponente. In den ersten Jahren der augenblicklichen Stagnation hatte man gelegentlich den Eindruck, daß in der Kommunität besonders diejenigen hoch eingestuft wurden, die möglichst viele Entlassungen aussprachen; aber auch das mag ein falscher Verdacht gewesen sein, jedenfalls werden derlei Probleme heute differenzierter und vor allem im Gespräch mit den Arbeitnehmern geregelt. Was sonst noch in die Beurteilung von Managern eingeht, ist allerdings fraglich. Es bleibt ein beunruhigend breiter Spielraum für Irrationalitäten.

Die Sache ist deshalb so bedeutsam, weil es hier darum geht, ob unsere ökonomischen Eliten in ausreichendem Maße imstande sind, sich selbst und ihre Leistungen immer wieder in Frage und damit zur Disposition zu stellen, und ob sie vor allem imstande sind, auch größere Risiken einzugehen. Bei den Eigentümern ist da zwar auch nicht alles in Ordnung, aber die Wahrscheinlichkeit, daß sie beides in sich vereinen, ist bei ihnen doch erfahrungsgemäß wesentlich höher als bei den meisten Managern – verständlicherweise, denn sie tragen sowohl das Risiko des Mißerfolgs als auch das des Nichtentscheidens, und sie können beide Male auch keine existenzsichernden Abfindungen erwarten. Auch das ist übrigens ein Grund, noch einmal nach einem starken Mittelstand zu rufen.

X.

Lehren aus der Globalisierung

Die Globalisierung, auf die wir noch einmal zurückkommen müssen, ist, wie sich gezeigt hat, kein in erster Linie ökonomisches Phänomen. Aber ökonomische Folgen hat sie sehr wohl, für ganz Europa und speziell für Deutschland, und diese Folgen sollten nicht als unabwendbares Schicksal verstanden werden, sondern als absehbare Entwicklungen, gegen die man auch etwas unternehmen und auf die man sich vor allem einstellen kann. Da diese Entwicklungen sich nach allem, was man heute davon weiß, über sehr lange Zeiträume erstrecken werden, sollten sich die Lehren, die daraus zu ziehen sind, folgerichtig auch in einer langfristigen politischen Planung niederschlagen.

Internationale Arbeitsteilung

Die erste Folgerung, die es hier zu ziehen gilt, haben wir schon besprochen. Wenn es sich nicht vermeiden läßt, daß die sogenannten Schwellenmächte auf immer mehr Gebieten Leistungen von europäischem Standard, aber zu viel niedrigeren Preisen anbieten, müssen die Europäer (und damit natürlich auch die Deutschen) eben wieder Produkte und Dienstleistungen entwickeln, die die aufstrebenden Wirtschaften Asiens, Lateinamerikas und zunehmend auch Afrikas selbst auf lange Sicht noch nicht anbieten können, die sie aber ebenfalls benötigen und auf den Weltmärkten daher gern annehmen werden. Das ist ja der Grund, weshalb in diesem Buch zu permanenten Anstrengungen im Bereich von Bildung, Forschung und Entwicklung aufgerufen wird.

Es bleibt jedoch die Frage, wie sich der Westen auf den Märkten verhalten soll, bei denen er erkennt, daß sie auf die Dauer nicht zu halten sein werden. Selbstverständlich kann man Konkurrenzkämpfe, wenn es nötig wird, auch aus der Defensive heraus führen. Man muß aber doch rechtzeitig darüber nachdenken, wann ein solcher Kampf nicht mehr zu gewinnen ist und wie man sich dann verhalten soll.

Konkurrenzkämpfe werden primär mit dem Mittel der Preisgestaltung ausgefochten. Hier wird Deutschland wohl an seiner schwächsten Stelle attackiert werden. Es kann sich zwar mit Maßnahmen der weiteren Rationalisierung zur Wehr setzen, und es kann auch darauf hoffen, daß in den Konkurrenzländern die sozialen Kosten, vor allem die Lohnkosten, auf die Dauer ebenfalls steigen werden – mehr als ein gelegentliches Luftschöpfen dürfte sich daraus aber schwerlich ergeben. Anders mag es sich mit der zweiten Waffe im Konkurrenzkampf verhalten, nämlich mit der Qualität der angebotenen Ware oder Dienstleistung. Hier bestehen durchaus Chancen für einen längeren erfolgreichen Widerstand; das schlagendste Beispiel dafür ist die Textilindustrie, die schon seit Jahrzehnten der billigen asiatischen Durchschnittsware weichen mußte, deren Luxuserzeugnisse aber auf den Weltmärkten (auch den asiatischen) noch heute einen ausgezeichneten Stand haben. Deutschland kann sich hier immer noch auf das Ansehen des »Made in Germany« einstellen. Das zeigt aber, daß auf dem Feld der Qualitätswahrung in Zukunft außerordentliche Anstrengungen notwendig sein werden. Klagen aus aller Welt und nicht zuletzt die immer häufiger werdenden »Rückrufaktionen« zeigen, daß hier viel zu tun ist. Rationalisierung ist etwas Schönes und Unausweichliches; wenn sie aber zu weit getrieben wird, kann sie auch schädlich werden.

Wenn nach sorgfältiger Abwägung aller Umstände (und nach den notwendigen Anstrengungen) die Überzeugung reift, daß ein Produkt oder eine Dienstleistung auf den Weltmärkten à la longue nicht zu halten sein wird, dann ist es in aller Regel besser, weder bis zur endgültigen Niederlage und unter beträchtlichen Aufwendungen zu kämpfen noch gar nach Erhaltungssubventionen zu rufen, sondern den geordneten Rückzug anzutreten. Das ist, besonders in traditionsreichen Wirtschaftszweigen, unter Umständen hart und mit tiefen menschlichen Enttäuschungen verknüpft, aber erstens ist es auf die Dauer ohnehin unvermeidlich, und zweitens besteht dann meistens eine Chance, einen strategisch geeigneten Zeitpunkt für den Rückzug auszuwählen – wenn z. B. Gesamtwirtschaft und Unternehmen finanziell günstig dastehen, wenn neue Produktpaletten so weit entwickelt sind, daß sie auf den Markt geworfen werden können, wenn ein anstehender Wechsel in der Unternehmensleitung erfolgreich vollzogen ist usw. Staatliche Finanzhilfen zur Bewältigung des Übergangs können unter solchen Umständen nützlich sein und verstoßen dann wohl auch nicht gegen den Geist der freien Unternehmerwirtschaft – allerdings nur unter zwei Voraussetzungen: Sie dürfen wirklich nur für den Übergang, das heißt eng befristet gewährt werden, und es darf sich auf keinen Fall um verdeckte Erhaltungssubventionen für die unwirtschaftlich gewordenen Marktangebote handeln.

Ob Staat und Wirtschaft nicht gut beraten sind, auf solchen Feldern, auf denen es um die Versorgung mit lebensnotwendigen Gütern geht, wenigstens – und auch mit staatlichem Aufwand – ein Minimum an Autarkie sicherzustellen, steht auf einem ganz anderen Blatt. Die Frage stellt sich insbesondere bei der Versorgung mit Lebensmitteln und Energie und wird, so jedenfalls der Eindruck vieler, allzu leichthändig verneint. Sie wäre jedoch, schon angesichts ihrer Bedeutung für das Leben der Menschen, einer ernsthaften und gründlichen Diskussion würdig.

Soziale Weltwirtschaft?

In unseren Überlegungen hat sich schon früh das große Dilemma der europäischen (und vor allem der deutschen) Wirtschaft gezeigt: Sie bauen, wenn auch mit unterschiedlicher theoretischer Grundlage und auf unterschiedliche Weise, auf dem Modell der sozialen Marktwirtschaft auf, das für sich gesehen ziemlich teuer ist, sind auf den Weltmärkten aber mit Konkurrenten konfrontiert, die mit großer Härte dem Modell der reinen Marktwirtschaft anhängen und ihre Leistungen daher viel billiger anbieten können. Das wird auf die Dauer zwei ganz üble Folgen nach sich ziehen: Die europäischen Wirtschaften werden, wie schon gezeigt, auf die Dauer einem erheblichen Konkurrenzdruck ausgesetzt sein, und die konkurrierenden Mächte, vor allem die in Asien, werden auf ihrem eigenen Gebiet im Laufe der Zeit soziale Krisen, ja Bürgerkriege riskieren, die nicht nur ihre innere Stabilität, sondern auch ihre Rolle im internationalen Handel ernsthaft gefährden können. Warnungen aus Europa oder gar aus Deutschland werden in dieser Frage ziemlich wenig bewirken. Erstens hat ja auch Europa Jahrzehnte gebraucht, bis es seine soziale Frage halbwegs lösen konnte, zweitens werden die betroffenen Nationen Ratschläge aus Europa nur als Fortsetzung des Kolonialismus mit anderen Mitteln betrachten, und drittens werden sie die Europäer nur verdächtigen, sie wollten auf diese Weise die Herstellungskosten ihrer Konkurrenten erhöhen, um selbst konkurrenzfähiger zu bleiben.

Das Problem soll hier nicht in all seinen Verästelungen untersucht werden. Eines ist aber klar: Es kommt nicht von ungefähr, daß in Europa seit einiger Zeit der Gedanke an die Übertragung von Ideen der sozialen Marktwirtschaft auf die Weltmärkte ventiliert wird. In der Publizistik gibt es darauf überwiegend negative Antworten. Einerseits befürchten die Kritiker wohl ins Uferlose steigende Entwicklungshilfekosten, andererseits mag vielen – nach amerikanischem Vorbild – die ganze Richtung nicht passen. Das Modell der reinen Marktwirtschaft ist ja, wie zuzugeben ist, viel einfacher und klarer als das der sozialen Marktwirtschaft, und es mögen außerdem auch noch sozialdarwinistische Ideen in dieser Ablehnung mitschwingen. Pragmatischer und auf die Dauer auch friedenserhaltender wäre es jedoch, wenn es gelänge, zwischen den reichen und armen Völkern der Welt wenigstens einen gewissen Wohlstandsausgleich zu schaffen. Man muß dabei auch nicht sogleich an armutsbedingte Weltkriege denken, wie sie gelegentlich von Katastrophenmalern vorausgesagt werden. Die Migrationsbewegungen der letzten Jahrzehnte würden, wenn sie sich fortsetzen sollten, völlig ausreichen, um in den hochentwickelten Ländern der Welt katastrophale Verhältnisse hervorzurufen.

Wenn man aber an die Übertragung sozialer Ideen auf die Weltwirtschaft denkt, braucht man ein paar grundsätzliche Überlegungen darüber, wie eine solche zwangsläufig internationale Politik aussehen könnte. Hier sollen nur einige »Schienen« benannt werden, auf denen sich das vollziehen könnte:

1. Direkte Geldzahlungen sollten künftig noch deutlicher als schon jetzt auf die ärmsten Länder beschränkt werden, also auf Länder, in denen so unmittelbare Dinge wie Lebens- oder Arzneimittelhilfe notwendig sind.
2. Im übrigen sollte sich internationale Entwicklungshilfe – einem gängigen Schlagwort entsprechend – auf »Hilfe zur Selbsthilfe« konzentrieren, z. B. auf
   - den Aufbau eines Minimums an Infrastruktur, vor allem für die Versorgung mit Wasser, Energie usw.,
   - den Aufbau eines handfesten Bildungswesens für die heranwachsenden Generationen,
   - den Aufbau eines lebensfähigen Mittelstandes, vor allem durch die so wirkungsvolle und billige Ausreichung von Kleinkrediten an Familien,
   - und nicht zuletzt dadurch, daß solchen wirtschaftlichen Bestrebungen auch die nötigen Erfolgschancen eingeräumt werden, eine Forderung, die insbesondere auch durch die rechtzeitige Aufgabe nicht mehr existenzfähiger Wirtschaftszweige und eine zurückhaltende Schutzzollpolitik der hochentwickelten Staaten erfüllt werden muß.

Alles in allem: Man mag die wirtschaftlichen Fortschritte der »Dritten Welt« im Westen durchaus fürchten. Wahrscheinlich ist es aber klüger und auf die Dauer auch billiger, die so skizzierte Entwicklungspolitik zu treiben, als sich hinter Importverboten zu verstecken. Ob man das dann als soziale Weltwirtschaft bezeichnen will oder nicht, soll jeder für sich selbst entscheiden. Um terminologische Fragen dieser Art zu streiten ist unter vernünftigen Menschen sinnlos.

Sicherheitspolitische Aspekte der Globalisierung

Bisher haben wir – und auch das nur kursorisch – nur die ökonomischen Seiten der Globalisierung betrachtet. Von allem Anfang an haben wir aber Wert auf die Feststellung gelegt, daß der ökonomische Aspekt nur einer unter mehreren ist, und noch nicht einmal der wichtigste. Um das zu verstehen, muß man sich zunächst noch einmal die Ursachen des Vorgangs genauer ansehen, der zur Globalisierung geführt hat.

Die vergangenen Jahrhunderte waren weltweit die Jahrhunderte des »weißen Mannes«, der durch seinen Entdeckergeist, sein technisches und ökonomisches Übergewicht und nicht zuletzt durch die Gewalt seiner Kanonen große Teile der Welt unter seine Botmäßigkeit brachte. Das hatte weitreichende Folgen: Europäische Lebensart, europäisches Denken und europäische Gesellschaftsformen wurden in alle Kolonien verbreitet, die europäischen Sprachen und mit ihnen europäisches Wissen begannen zu dominieren, und die einzelnen Ökonomien wurden teilweise nach europäischen Bedürfnissen ausgerichtet. Mit dem Ende des Zweiten Weltkrieges ging diese Zeit der weißen Völker, denen sich inzwischen das amerikanische beigesellt hatte, zu Ende, und die früheren Kolonialvölker versuchten nun, sich nach eigenen Vorstellungen zu ordnen und ihrer wachsenden Armut Herr zu werden. Teilweise ordneten sie sich weiter in die westliche Welt ein, ein anderer Teil hielt es für besser, sich an den sogenannten Ostblock anzuschließen. Aber dieser zerfiel seit den achtziger Jahren zusehends, westliche Regierungs- und vor allem Wirtschaftsformen verbreiteten sich über den Rest der Welt, zunehmend durch amerikanisch geprägte Massenmedien ergänzt und durch weltweite Märkte noch unterstützt. Das war, wenn man so sagen darf, der »geistige« Teil der Globalisierung, den viele Völker alsbald als Gefahr für ihre angestammte Lebensart und ihr hergebrachtes Wertegefüge zu empfinden begannen. Den dritten – den politischen – Teil der Globalisierung haben wir im zweiten Kapitel schon geschildert: die zunehmende Regionalisierung der Welt und die aus ihr entspringenden Sorgen vieler Menschen um den Weltfrieden und die internationale Sicherheit. Damit müssen wir uns nun noch auseinandersetzen.

Von der Gefahr eines »clash of civilizations« haben wir schon gesprochen, allerdings auch davon, daß er nach unserer Überzeugung nicht als todsicheres Schicksal, sondern allenfalls als Gefahr vor uns steht. Man mag diese Frage übrigens beantworten, wie man will. Jedenfalls tut Europa, das mit seinen 500 bis 600 Millionen Menschen gegenüber den Milliarden Chinesen, Indern und Moslems ja ohnehin ziemlich klein ist und überdies noch an der geringen Überzeugung seiner Bürger vom Wert ihres eigenen politisch-gesellschaftlichen Systems zu leiden hat, gut daran, sich für alle Fälle – und möglichst rechtzeitig – auf einen solchen »clash« einzustellen. Wie gesagt: Es ist keineswegs sicher, daß er eintritt. Wenn er aber eintreten sollte, ist seine Gefährlichkeit zu groß, als daß man nicht darauf vorbereitet sein sollte.

Das bedeutet in allererster Linie, daß die sich ständig weiter öffnende Schere zwischen den reichen und den armen Völkern wieder geschlossen, zumindest aber an einer weiteren Öffnung gehindert werden muß. Zwar haben diejenigen Kritiker solcher Überlegungen recht, die darauf hinweisen, daß beispielsweise der internationale Terrorismus nicht von Armen, sondern von ausgesprochen reichen Männern erfunden worden ist und immer noch geführt wird. Auch mit der sozialsten Weltwirtschaft allein wird dem Terrorismus also nicht beizukommen sein. Ebenso trifft es aber zu, daß diese Führer ihre Selbstmordattentäter überwiegend aus den Kreisen der Ärmsten rekrutieren, also solcher Menschen, die auf Erden weder etwas zu verlieren noch etwas zu gewinnen haben. Auch bei diesen kommt dann allerdings noch religiöser Fanatismus hinzu;

aber eine der entscheidenden Komponenten ist eben auch ihre wirtschaftliche Hoffnungslosigkeit.

Wie dem religiösen Fanatismus beizukommen ist, läßt sich schwer sagen und ist speziell für säkularisierte Europäer schwierig, die schon kaum mehr in der Lage sind, eine ernsthafte Religiosität von Dingen wie Fanatismus und Fundamentalismus und beide dann auch noch von der Bereitschaft zum Terrorismus zu unterscheiden. Trotzdem ist es für Europa von vitaler Bedeutung, daß auch hier allmählich Brücken geschlagen werden. Sowohl die Religionen als auch die politischen Systeme haben sich bisher ganz überwiegend unter dem Gesichtspunkt der Abgrenzung betrachtet, haben also viel mehr auf das Trennende, auf die Unterschiede geachtet als auf das, was ihnen gemeinsam war. Irgendwann sollten sie aber doch bemerken, daß das Gemeinsame in ihren Vorstellungen und Lehren, gerade auch im Verhältnis zu Materialismus und Agnostizismus, eine sehr beträchtliche Schnittmenge ausmacht und wahrscheinlich sogar zur Grundlage einer sehr viel überlegeneren Weltpolitik als der heutigen werden könnte. Es ist gewiß banal, dabei immer nur auf die sogenannte Goldene Regel hinzuweisen, die es praktisch in allen religiösen und philosophischen Systemen der Welt gibt (»Was du nicht willst, daß man dir tu, das füg auch keinem andern zu!«). Nähme man sie aber einmal wirklich ernst, so könnte sie in den zentralen Fragen einer künftigen Weltpolitik – internationaler Friede, Armutsbekämpfung, Menschenrechte, gegenseitiger Respekt der Staaten, Nationen und Kulturkreise – zum Ausgangspunkt eindrucksvoller Fortschritte werden. Der dringend notwendige interkulturelle Dialog hätte hier eine nahezu dramatische Aufgabe.

Dieser Dialog hätte, um das in aller Kürze zum Ausdruck zu bringen, folgende Funktionen:

1. Er hätte, wie schon ausgeführt, die Gemeinsamkeiten zwischen den geistigen Lagern herauszuarbeiten und müßte daraus auch denkbare politische Schlußfolgerungen ableiten.

2. Er könnte, schon durch seine Existenz, dort für gegenseitiges Verständnis sorgen, wo sich solche Gemeinsamkeiten nicht finden lassen (»Toleranz«!).
3. Schließlich müßte er ganz allgemein dazu führen, daß die Staaten auch dort, wo schwere Interessengegensätze sie trennen, miteinander wenigstens in ehrlichem Respekt umgehen.

Diesen Respekt dürfte vor allem der »weiße Mann« im Umgang mit seinen früheren kolonialen Untertanen, aber auch mit anderen »unterentwickelten« Völkern aufzubringen haben. Die Verletzungen aus Zeiten europäischer Überlegenheit, ja Arroganz sitzen dort sehr tief und lassen auch gutgemeinte Ratschläge und Hilfen oft nur als Fortsetzung alter Überheblichkeiten, ja sogar als bloße Fortsetzung des alten Kolonialismus mit anderen Mitteln erscheinen. Ohne eine Politik, die glaubhaft die Absicht vermittelt, mit den Völkern der »Dritten Welt« auf gleicher Augenhöhe verhandeln zu wollen, wird insbesondere das nicht gerade starke Europa in der Welt nicht sehr gut fahren.

Das bezieht sich übrigens auch auf das Gebiet der Politik. Es ist ja durchaus sinnvoll und nach unseren historischen Erfahrungen auch sehr verständlich, den Völkern anderer Kulturkreise die Demokratie als die beste aller Staatsformen zu empfehlen. Aber man muß dabei immer zugleich bedenken, wie lange es im alten Europa dauerte, bis es dort zu echten und dauerhaften Demokratien kam, und welche Umwege und Opfer dabei hingenommen werden mußten. China unternimmt beispielsweise im Justizbereich Versuche, die denen des preußischen Allgemeinen Landrechts von 1794 vergleichbar sind. Es ist leicht, sie als veraltet und ungenügend abzutun. Aber man sollte dabei doch nicht vergessen, daß auch in Europa die Menschen mehr als 1000 Jahre ohne diese Segnungen gelebt haben. Die Beispiele ließen sich fast beliebig vermehren.

An solchen Überlegungen müssen sich wahrscheinlich sogar die durchaus einleuchtenden Versuche messen lassen, die Menschenrechte überall auf der Erde durchzusetzen. Zunächst benötigen die westlichen Nationen schon einmal die Erkenntnis, daß die Betonung des Individuums, die sich in Europa und den USA in den letzten Jahrhunderten durchgesetzt hat, in anderen Teilen der Welt so nicht mitvollzogen worden ist, sondern daß es dort politisch-philosophische Kulturen mit einer sehr viel stärkeren Betonung der Gemeinschaft gibt und daß diese Kulturen das gleiche Recht auf Achtung und Anerkennung wie die westlichen Ideensysteme haben. Es hat dementsprechend wenig Sinn (und noch weniger Aussicht auf Erfolg), den Menschen dieser Regionen die westliche Auffassung der Menschenrechte unreflektiert und undiskutiert als alleinseligmachende Ideologie verkaufen zu wollen. (Ebenso klar muß andererseits aber sein, daß auch diese von uns nicht den Verzicht auf unsere Grundüberzeugungen verlangen können.)

Schwierig werden die Dinge dort, wo, um im Beispiel zu bleiben, der westliche Kulturkreis glaubt, eine gemeinsame Überzeugung oder auch nur ein gemeinsames Verhalten in allen Kulturkreisen fordern zu müssen, und das ist natürlich ganz besonders bei den Menschenrechten der Fall. Dort spitzt sich alles auf die Frage der Universalität dieser Rechte zu. Die Anhänger der westlichen Systeme behaupten dann in aller Regel, daß die Menschenrechte, so wie sie sie verstehen, in allen Teilen der Welt gültig seien und daß sie selbst das Recht hätten, für ihre Einhaltung und Durchsetzung zu sorgen. Die Vertreter der anders gearteten Kulturen stellen genau das in Abrede und verbitten sich solche Einmischungen.

Die Sache wäre erheblich einfacher, wenn sich Europa ganz einig darüber wäre, was wirklich Menschenrechte sind; das ist aber gerade nicht der Fall. Allerdings bietet diese fatale Unsicherheit überraschenderweise auch den Ansatz zu einer halbwegs praktikablen Lösung.

Zunächst gibt es einen völlig unbestreitbaren (und nach den geltenden Verfassungstexten auch uneinschränkbaren) Kernbereich von Menschenrechten, der z. B. im deutschen Grundgesetz mit dem Begriff der Menschenwürde umschrieben wird und auf dessen uneingeschränkter Achtung Europa in der ganzen Welt bestehen muß, wenn es nicht seine eigenen Grundlagen verleugnen will. Aber dieser Kernbereich ist verhältnismäßig eng; er verbietet insbesondere die Folter, sonstige entwürdigende Behandlungen des Menschen, die Tötung ohne einen wirklich gravierenden Anlaß (wie in Fällen einer Geiselnahme), die willkürliche Inhaftierung, den Entzug des wirtschaftlichen Existenzminimums u. a. Aber selbst in diesem Kernbereich bedarf es immer noch sorgfältiger Überprüfung, wie auf seine Verletzung durch einen anderen Staat geantwortet werden soll – durch Abbruch aller diplomatischen und wirtschaftlichen Beziehungen, durch öffentliche Interventionen, wirtschaftliche Sanktionen oder nur durch beharrliche, sich nicht einmal in der Öffentlichkeit abspielende Überzeugungsarbeit. Die Palette der Aussicht versprechenden Möglichkeiten ist hier relativ groß und von Land zu Land, von Regime zu Regime auch sehr unterschiedlich. Lehrbuchmäßige Regeln für diese Art internationaler Politik gibt es nicht, und für ethischen Rigorismus ist sie ebenfalls nicht geeignet.

Bei anderen Menschenrechten sehen meist schon die einzelnen Staatsverfassungen, aber auch internationale Instrumente wie die Menschenrechtskonventionen der UN, die Europäische Menschenrechtskonvention oder die Menschenrechtscharta der EU vor, daß in sie durch die staatlichen Gesetzgeber eingegriffen werden kann, freilich nur innerhalb eng umschriebener Grenzen und unter strikter Beachtung des Verhältnismäßigkeitsprinzips, und bei wieder anderen Rechten kann man durchaus darüber im Zweifel sein, ob es sich bei ihnen um echte Menschenrechte handelt. Natürlich muß auch für solche Rechte international immer wieder geworben werden, wenn nötig auch mit erheblichem Nachdruck. Es ist aber zuzugeben, daß Rechte wie Berufsfreiheit, Eigentum oder Freizügigkeit – um nur diese Beispiele zu nennen – ungleich weniger wichtig sind als die zum Kernbereich der Menschenrechte zu zählenden Beispiele.

Diese Ausführungen sollen beileibe nicht die Idee der Menschenrechte als solche in Frage stellen. Sie sollen aber zeigen, wieviel hier schon innerhalb der westlichen Welt unsicher oder jedenfalls anhand des Einzelfalles zu bewerten ist, und sie sollen damit vor einem allzu rigoristischen Auftreten Europas und Amerikas in der Weltpolitik warnen. Es ist zwar üblich, gerade dort besonders rigoros aufzutreten, wo man seiner eigenen Sache nicht ganz sicher ist; eine Empfehlung für eine verantwortungsvolle (und auch gerechte) Politik gegenüber anderen Staaten ist dieser Satz aber gewiß nicht. Besser ist es, sich in ernsteren Auseinandersetzungen auf den unbezweifelbaren Kernbereich zu beschränken, hier dann aber keine Kompromisse zu machen.

Übrigens ist die Berufung auf die Goldene Regel gerade in Debatten um Menschenrechtsfragen von großer Nützlichkeit. Gesprächspartnern, die sich gegenüber Menschenrechtszumutungen auf die Eigenständigkeit ihrer kulturellen Traditionen und Überzeugungen berufen, fällt es nämlich erfahrungsgemäß relativ schwer nachzuweisen, daß Menschen willkürlich getötet, gefoltert oder in Arbeitslagern festgehalten werden wollen, und damit erweist sich die Goldene Regel, zumindest argumentativ, als rote Ampel für eine allzu großzügige Berufung auf die Unterschiedlichkeit der kulturellen Traditionen.

Die bisherigen Ausführungen sollten gezeigt haben, daß es nicht nur eine große Aufgabe der internationalen Politik ist, durch Respektierung fremder Traditionen wie durch geduldiges, respektvolles Argumentieren in der Welt eine Atmosphäre gegen den »clash of civilizations« zu schaffen, sondern daß eine solche Politik durchaus auch Aussicht auf Erfolg verspricht. Allerdings wäre es fahrlässig, sich darauf blind zu verlassen. Sollten sich militärische Auseinandersetzungen wirklich nicht vermeiden lassen, so dürfen sie auch das kleine Europa nicht ungerüstet finden. Darauf muß Europa sich entschiedener als bisher vorbereiten, sowohl was Bündnisse betrifft als auch im rein militärischen Sinne.

Bündnisse bieten sich vor allem mit solchen Blöcken an, die auf den gleichen oder doch ähnlichen kulturellen und geistigen Fundamenten aufbauen wie Europa selbst. Deshalb ist die Allianz mit den beiden anglo-amerikanischen Staaten auf die Dauer unverzichtbar, insbesondere die hergebrachte Allianz mit den USA – mögen diese gelegentlich auch etwas mühsam sein und ihre eigenen Möglichkeiten überschätzen. Kein noch so großer Wahlerfolg ist es wert, diese Freundschaft und die mit ihr verbundene Sicherheit zu gefährden. Daneben darf aber Lateinamerika nicht vergessen werden, das in den vergangenen Jahren trotz aller wirtschaftlichen Probleme erhebliche Fortschritte gemacht hat. Die meisten Staaten dieses Kontinents sind heute demokratisch regiert, scheinen sich wirtschaftlich zumindest auf einem nicht hoffnungslosen Weg zu befinden und sind außerdem dabei, sich auch regional zu organisieren. Politisch spielt dabei der Anden-Pakt eine gewisse Rolle, die wirtschaftliche Vereinigung Mercosur, die sich am Beispiel der EU orientiert, ist aber, soweit ersichtlich, noch zukunftsweisender. Europa hat allen Grund, diese erfreuliche Entwicklung aufmerksam zu verfolgen und wo nötig zu unterstützen. Ob als vierter Block noch Australien und Neuseeland in Betracht zu ziehen sind, muß die Zukunft zeigen. Die USA und Kanada, das ganze Lateinamerika und das ganze Europa sollten aber zunehmend und bewußt zueinander geführt werden. Sie wären auch unter den anderen Blöcken (China, Rußland, Japan, den Asean-Ländern, Indien und dem islamischen Block) stark genug, sich selbst zu behaupten.

Die soeben entwickelte Vorstellung einer Drei-Blöcke-Allianz zielt nicht auf einen militärischen Pakt, sondern lediglich auf eine betonte politische und vor allem ökonomische Zusammenarbeit ab; das soll hier ausdrücklich betont werden. Militärisch dürfte es ausreichen, Instrumente wie die NATO nicht weiter verkommen zu lassen, sondern sie wiederzubeleben und auf einen ausreichenden Stand zu bringen. Natürlich läuft das auf eine schwierige Quantitätsfrage hinaus. Einerseits dürfen die Mitgliedstaaten des Pakts durch die Rüstung wirtschaftlich nicht überfordert werden – was zu einer starken Betonung des (reinen) Verteidigungsauftrags zwingen dürfte. Andererseits erzeugt die gegenwärtige Weltlage immer wieder Situationen, in denen die Grenzen zwischen Angriff und Verteidigung zu verschwimmen drohen – gerade auch schwierige Menschenrechtslagen; und das Völkerrecht bietet hier nicht immer ausreichende Verhaltensregeln, ist insoweit also dringend entwicklungsbedürftig. Die Vorstellung vom »Ende der Geschichte«, die gleich nach dem Zusammenbruch des sozialistischen Lagers in Amerika propagiert wurde, war jedenfalls eine Illusion, und das gilt auch dann, wenn man sie realistischer nur als »Ende der Konflikte« interpretiert.

Sicherheit bleibt also ein Thema. Der Westen sollte sich – maßvoll, aber deutlich – darauf einstellen.